頭がよくなる！子ども麻雀

脳神経外科医・プロ雀士
東島威史
著

ニューロン子供麻雀教室主宰
池谷雄一
監修

世界文化社

コミュニケーション能力が上がる

麻雀は4人で楽しむゲーム。
他者との交流を通じて
自然に周りと協調できるように!

麻雀をやると
こんな効果がある!

集中力がつく

常に状況が目まぐるしく変わる麻雀。
少しも目が離せない展開に
意識が研ぎ澄まされる!

論理的思考力が育つ

勝つためには、確率を考えながら
有利な選択をすることが問われる麻雀。
出来事の理由を考えることで
勝利に近づく!

計算力・記憶力
がアップ

麻雀は4桁以上の計算が
求められるゲーム。
遊びながら点数を計算するうちに
計算も上達！

情報処理力
がつく

麻雀は多様な情報をもとに
意思決定を重ねるゲーム。
情報を整理しながら考えることで
勝てるチャンスが広がる！

駆け引き力
が上がる

運の要素も大きく影響する麻雀。
筋道を立てて考えた先の
勝負勘で戦況は大きく変わる！

はじめに

こんにちは。日本プロ麻雀協会の東島です。

ぼくはいつもお医者さんとして脳の手術をしたり、麻雀プロとして、麻雀を広める活動をしたりしています。

麻雀をはじめたのは中学生のときで、友だちの家に集まってコタツの上でジャラジャラやったり、図工の時間にみんなと一緒に木彫りの麻雀牌をつくったりしたのはとてもいい思い出です（ぼくはマンズを担当したよ！）。

それから高校生、大学生になり、たくさん麻雀をして、お医者さんになった年に麻雀プロ試験に合格して、麻雀プロになりました。

今ではなかなか麻雀をする時間はなくなってしまいましたが、脳の専門家、そしてお医者さんになったからこそ見える麻雀のよさもたくさんあります。

1つ目は「麻雀は脳と心にとってもいい」ということです。麻雀をすると知能指数が上がったり、認知症になりにくくなったり、うつ病になりにくくなったりと、脳と心の健康にいいことがたくさんあります。

2つ目は「判断力が鍛えられる」ということです。お医者さんとして働くようになり、医学と麻雀には、物事を判断するときの考え方がびっくりするほど共通していることに気づきました。それはぼくがお医者さんだったから、医学との共通点になっただけで、麻雀で鍛えられる判断力はあらゆる場面で物事を正しい方向へ導いてくれるはずです。

これからこの本で、そのとっておきの「考え方」を紹介します。正解かどうかは気にせず、「どう考えるのか」をしっかりと勉強してください。麻雀に正解はないですが、「考え方」には正解があります。正しい考え方で麻雀をすれば、驚くほど麻雀が強くなるし、日常生活でも「正しい判断」ができるようになるはずです。頭は筋肉と一緒！　使えば使うほど鍛えられます！

さあ、一緒に頭を鍛えましょう！

日本プロ麻雀協会　東島威史

麻雀をやるとこんな効果がある! ……………………………………………… 2

はじめに …………………………………………………………………………… 4

序章　IQが上がる頭脳スポーツ「麻雀」

マンガ● 麻雀をやると頭がよくなる!? ……………………………………… 10

麻雀をやるとIQがぐんと上がる! ……………………………………………… 14

麻雀ってどんなゲーム? ………………………………………………………… 16

学校では習わない勝負勘が身につく! ………………………………………… 18

麻雀の人気沸騰中! ……………………………………………………………… 20

白熱! 全国の友だちと麻雀バトル! ………………………………………… 22

COLUMN 高学歴Mリーガーや経営者も輩出する麻雀 ……………………… 24

第1章　麻雀の基本

マンガ● 麻雀を実際にやってみよう! ………………………………………… 26

麻雀牌の名前と種類 ……………………………………………………………… 30

ゲームをはじめる準備 …………………………………………………………… 32

ゲームの流れ ……………………………………………………………………… 34

アガるためのルール ……………………………………………………………… 36

フリテンには気をつけよう ……………………………………………………… 38

鳴きの基本 ………………………………………………………………………… 39

ポン ………………………………………………………………………………… 40

チー ………………………………………………………………………………… 41

カン ………………………………………………………………………………… 42

テンパイの形 ……………………………………………………………………… 44

ツモ・ロン・流局 ………………………………………………………………… 46

COLUMN プロ雀士はどんな仕事をしているの? …………………………… 48

5

第2章 役を覚えて高得点をゲットしよう!

マンガ● 麻雀は役が勝敗のカギを握る!	50
役の基本	52
ドラ	53
メンゼンツモ	54
リーチ	56
ピンフ	58
タンヤオ	60
ヤクハイ	62
イーペーコー	63
ハイテイ／ホーテイ	64
リンシャンカイホー	65
チャンカン	66
サンショクドウジュン	67
イッキツウカン	68
チートイツ	69
トイトイ	70
サンアンコー	71
チャンタ	72
サンショクドウコー	73
サンカンツ	74
ダブルリーチ	75
ホンイツ	76
ジュンチャンタ	78
リャンペーコー	79
ホンロートー	80
ショウサンゲン	81
チンイツ	82

スーアンコー ························· 83

ダイサンゲン ························· 84

スーシーホー ························· 85

チューレンポートー ················· 86

ツーイーソー ························· 86

コクシムソウ ························· 87

リューイーソー ······················· 87

チンロートー ························· 88

スーカンツ ··························· 88

テンホー ····························· 89

チーホー ····························· 89

点数計算のやり方 ··················· 90

COLUMN さまざまな「ローカル役」······ 98

第3章 ［基礎編］強い「待ちの形」を覚えよう！

マンガ● 待ちの形がわかると強い！ ········· 100

覚えておきたい10コの頻出「待ち」！ ······ 102

ノベタン待ち ························· 104

ノベノベタン待ち ····················· 104

ピアノ待ち ··························· 105

チョウチンアンコー待ち ············· 105

変則3面待ち ························· 106

ドラヤキ待ち ························· 106

ノベタンカンチャン待ち ············· 107

ピアノベタン待ち ····················· 107

サンドイッチ待ち ····················· 108

オープンサンド待ち ··················· 108

確認問題❶〜❼／確認問題❶〜❼のこたえ ··· 109

確認問題❽〜⓮／確認問題❽〜⓮のこたえ ··· 111

第4章　［実践編］勝ちに近づく選択をしよう！

マンガ● ベネフィットを大きくして勝つ！ ……………………… 114
ベネフィットの大きな牌はどれ？ …………………………………… 116
問題①〜⑥／問題①〜⑥のこたえ ………………………………… 117
問題⑦〜⑫／問題⑦〜⑫のこたえ ………………………………… 121
問題⑬〜⑱／問題⑬〜⑱のこたえ ………………………………… 125

第5章　［応用編］相手に勝つ戦略を考えよう！

マンガ● 自分と相手の状況から判断する！ ……………………… 130
状況を見ながら戦おう！ …………………………………………… 132
問題①／問題①のこたえ …………………………………………… 133
問題②／問題②のこたえ …………………………………………… 135
問題③／問題③のこたえ …………………………………………… 137
問題④／問題④のこたえ …………………………………………… 139
問題⑤／問題⑤のこたえ …………………………………………… 141
問題⑥／問題⑥のこたえ …………………………………………… 143
問題⑦／問題⑦のこたえ …………………………………………… 145
問題⑧／問題⑧のこたえ …………………………………………… 147
問題⑨／問題⑨のこたえ …………………………………………… 149
問題⑩／問題⑩のこたえ …………………………………………… 151
問題⑪／問題⑪のこたえ …………………………………………… 153

あとがき ……………………………………………………………… 155
巻末付録　点数計算早見表 ………………………………………… 156
巻末付録　役一覧表 ………………………………………………… 158

IQが上がる
頭脳スポーツ「麻雀」

近年、麻雀は子どもたちからの人気が高まっており、
知的なゲームとして認知されつつあります。
この章では、麻雀がもつ特徴や人気の理由などについて見ていきます。

麻雀をやると頭がよくなる!?

麻雀をやるとIQがぐんと上がる！

麻雀でIQが上がることが明らかに！

麻雀で遊ぶことによる影響を調べるため、麻雀教室に通いはじめた6～15歳の麻雀初心者20人を対象に、1年間にわたって知能指数を測定したところ、**全体的な知能水準に約8ポイントの上昇**が見られました。さらにくわしい検査項目を見てみると、特に**「言語理解」**と**「処理速度」**の項目で目立った変化が見られました。これだけですべて証明されたとはいえませんが、この研究においては麻雀を続けることで子どもの知能指数に影響をあたえることがわかりました。

全検査IQ 106 → 114 +8
下の4つの指標から算出した全体的な知能水準

言語理解 101 → 107 +6
言語の理解能力、語彙能力、表現能力など

知覚推理 106 → 110 +4
主に言語を介さない空間把握、推理など

ワーキングメモリー 102 → 106 +4
短期記憶やリアルタイムの知覚処理など

処理速度 108 → 119 +11
情報処理速度、視覚性の短期能力、集中力など

出典：Takefumi Higashijima, et al. (2022). Effect of Mahjong on children's intelligence quotient. Frontiers in psychology (Vol.13).

集中力とコミュニケーション能力が大きく上昇!

処理速度は、一般的には「集中力」などの能力につながります。目で見た情報を書き写すなどの作業を素早く正確に行う能力のことです。目で情報を追い続け、目と手を連動させながら麻雀牌を扱う麻雀の特徴が、脳によい影響をあたえていると考えられます。言語理解は、一般的には「コミュニケーション能力」として解釈されます。これは「ほかのプレイヤーと同じ体験を共有することができる」という麻雀がもつゲーム特性によるもので、その結果、自分以外の人への洞察力などが養われると思われます。

序章 IQが上がる頭脳スポーツ「麻雀」

脳のさまざまな機能を活性化!

そのほかにも麻雀は脳にとって、さまざまな好影響をもたらすといわれています。麻雀で実際に遊ぶことにより、記憶力などに関連する認知機能の改善が認められたほか、言語能力の向上、さらにはうつ病の予防や生活の質の向上など、その効果はメンタルをも改善することがわかっています。

- ●麻雀でコミュニケーション能力がアップ!
- ●読み書きなどの処理速度も麻雀で向上する!
- ●麻雀は脳にさまざまな効果があるといわれている!

麻雀ってどんなゲーム?

麻雀は絵合わせゲーム!

麻雀は、「牌」と呼ばれる136枚の駒を使って勝負し、得点を競うゲームです。牌は13枚ずつ各プレイヤーに配られたあと、順番に山から1枚ずつ引いては捨てるをくり返しながら、牌にかかれた数字や絵をそろえていきます。それを続けながら決まった手札の形をつくり、誰かがアガったら、おたがいの点数をやり取りし、最終的にもっている点数の多さで順位が決まります。

4人で遊ぶ

基本は正方形のテーブル(雀卓)を囲みながら4人で遊び、得点を競うゲームです。

「牌」という駒を使う

麻雀で使う駒を「牌」と呼びます。数字や絵がかかれており、この牌でやり取りしてゲームを進めます。

早く絵を合わせる

配られたり1枚ずつ取ったりして集めた牌の数字や絵を合わせることで、「アガリ」を目指します。

最後の点数で勝負

プレイヤーには全員、持ち点があり、その人が得る得点の多さで最終的な順位が決まります。

麻雀はこんなところがおもしろい！

　頭脳スポーツとも呼ばれる麻雀には、さまざまな魅力があります。ここでは、そのなかから主なものを3つ紹介します。

❶ 見えない情報を読み取る

ゲーム中は、おたがいの手のうちを見ることができません。牌山（P33）の牌も引くまでわかりません。自分の手牌や捨てられた牌をもとに見えない情報を読み取るのが、このゲームのおもしろさのひとつです。

❷ いろんな人とコミュニケーションがとれる

相手とかけ引きしたり、ゲーム終了後に感想を述べ合ったり、小さなテーブルを囲んで行う麻雀は、さまざまな人と直接コミュニケーションをはかる最高の機会。感情表現も豊かになります。

❸ 運も勝負のカギとなる

麻雀で勝つには過去のデータやいろんなコツを知っておくことがとても大切ですが、それと同時に運の要素も小さくありません。運がよければ、初心者が実力者に勝てることだってあるのです。

序章　IQが上がる頭脳スポーツ「麻雀」

- 見えない情報をめぐる推理や心理戦がおもしろい
- 対戦相手とのコミュニケーションが楽しい
- 運が味方すれば初心者が上級者に勝つことも！

17

学校では習わない勝負勘が身につく!

麻雀に大切なリスクベネフィットという考え方

麻雀で勝つには、「リスクベネフィット」という考え方が大切です。もともとは医療やビジネスの世界で使われている言葉で、**リスクは「危険」、ベネフィットは「利益」**を意味します。自分がなんらかの手を打ったとき、そこにはリスクとベネフィットの両方があることが多いです。リスクがベネフィットより大きければ、その手は打つべきではありません。逆にベネフィットがリスクよりも大きければ、そのぶん勝つ確率が上がります。

麻雀の発想は現代のビジネスに通じる

リスクをできるだけ小さくして、大きなベネフィットを得るという麻雀の考え方は、現代のビジネスに通じます。実際、**有名な企業経営者の多くが自社の従業員に麻雀のすすめを説いて**います。麻雀プロリーグ（Mリーグ）のチェアマンを務めるサイバーエージェント代表取締役の藤田晋氏などが有名です。

普段の生活に役立つリスクベネフィット

　リスクベネフィットの考え方は、仕事、勉強、生活全般と、あらゆる場面で役立ちます。 わかりやすいのは投資の例です。どんなにベテランの投資家でも、常に投資額を上回る利益を得られるわけではありません。しかし、リスクとベネフィットのバランスがうまく取れていれば、失敗を最小限におさえることができて、トータルでは利益を得ることができます。1回の勝負（麻雀では1局という）ごとの勝ち負けではなく、**最終的な得点で勝敗が決まる麻雀と通じる考え方**です。

リスクベネフィットの考え方は麻雀でこそ養える

　リスクベネフィットの感覚を磨く方法は学校では教えてくれません。そもそもこうした感覚は**座学ではなく、実践を通じて身につけていくもの**です。勝負がかかっている状況で、くり返し意思決定することが求められる麻雀だからこそ、養える感覚なのです。

> 序章　IQが上がる頭脳スポーツ「麻雀」

- 小さなリスクで大きく得するのが麻雀のコツ
- リスクベネフィットはあらゆる場面で役に立つ
- 麻雀を通じて実践的に勝負勘を養う

麻雀の人気沸騰中！

麻雀が大人気頭脳スポーツに

かつては一部の大人の楽しみだった麻雀ですが、近年は**誰でも楽しめる頭脳スポーツ**として人気を集めています。特に、**子どもたちの麻雀熱はかなり高まっています**。頭を使うゲームという理由で親にすすめられたり、アニメや漫画をきっかけに興味をもったりと、きっかけはさまざま。**子ども向けの教室**が各地で開かれ、**ゲームアプリを通じて気軽に楽しめる**ようになるなど、麻雀をする環境が整ってきたのも大きな要因です。

日本初のプロ麻雀リーグ「Mリーグ」

子どもたちの麻雀熱を決定づけたのは、2018年に発足した**プロ麻雀リーグの「Mリーグ」**です。同リーグの試合はインターネットテレビ局が生中継。Mリーガーたちがくり広げる熱戦の数々は子どもたちも夢中に。彼らの活躍は、将来のMリーガーを夢見る子どもたちの憧れになっています。

子どもにこそ麻雀は貴重な遊び

子どもたちの麻雀人気は絶大で、街中の子ども麻雀教室は毎回満席になるほど。そこで、子ども麻雀教室を15校運営するニューロン麻雀スクールの池谷さんにお話を聞いてみました。

Q 最近の麻雀の人気についてどのように感じていますか?

A 教室の参加者は増え続けていて、今は小学生が大半を占めています。またアニメなどの影響か女の子も多いです。教室を新しく開設しても毎回満席になるので、人気が高まっているのをとても感じますね。

Q 子どもたちは、どこに楽しさを感じているのでしょうか?

A「他人と同じ出来事を共有していく」ことに魅力を感じているのだと思います。人気オンラインゲームなどのように、共通の体験を楽しみながらコミュニティに参加していく要素が楽しさのひとつだと思います。

Q お子さんの保護者から、なにか反響はありますか?

A「人づきあいがうまくなった」という声がありました。麻雀では自分の思うようにいかないことが多くありますが、自分自身で気持ちに折り合いをつけ、周囲と協調していく姿勢が見られるようになったようです。

Q 子どもたちと触れ合うなかで、池谷さんが感じる子どもたちの変化はありますか?

A「客観性」が身についたことですね。自分の話ばかりしていた子が、「相手がこうしたから自分はこうした」と、他人ありきで物事を考えられるようになったときは成長を感じます。麻雀は人間力が養われる遊びでもあるので、発育の段階からそれを学べることも、麻雀の魅力だと思っています。

> 序章 IQが上がる頭脳スポーツ「麻雀」

- 頭脳スポーツとしての麻雀を楽しむ子どもが急増
- プロリーグの発足が麻雀人気を決定づけた!
- 発育段階から麻雀をやることで人間力が養われる

白熱！全国の友だちと麻雀バトル！

麻雀大会で全国の友だちと麻雀バトル！

2024年8月に「コロコロカップ争奪！ Mリーグ夏休み小学生麻雀大会」が開かれました。**小学1年生から6年生までの子どもたちが麻雀で戦い**、優勝を目指して数々の熱戦がくり広げられました。このイベントには**プロ麻雀リーグ「Mリーグ」で活躍する人気選手「Mリーガー」も参加**し、Mリーガーによる麻雀レッスンのほか、参加者からMリーガーへの質問コーナーも開催。憧れの選手たちとも交流を深め、会場は終始和気あいあいとした空間になりました。

いつの間にか麻雀に夢中になっていた

　大会当日は、親子で会場に足を運んでいた方がたくさんいらっしゃいました。そこで、参加した子どもたちのお父さんお母さんに、子どもに麻雀をやらせたきっかけやそのワケを聞きました。

> 麻雀をはじめたきっかけは「なにか家族で楽しめることはないかな」と思ったところからでした。麻雀ならルールがわかれば年齢に関係なくできるので、**家族全員で楽しめましたし**、そこから会話も増えましたね。

> 麻雀をやりはじめたことで、**集中力が長く続くようになりましたね**。麻雀は1戦につき約40分やるので、ちょうど学校の授業と同じくらいの時間。その間、集中して頭を動かし続けることができるようになりました。

> もともとは自分のことを中心に物事を考えるクセがあったんですが、いろんな友だちと一緒に麻雀をやるようになって、相手の気持ちを考えながら動けるようになったようです。**協調性が芽生えた**感じはしますね。

　お父さんお母さんにお話を聞いてみると、最初は家族や友だちとできる遊びのひとつとしてはじめた方が大多数。ですが、いざ麻雀をやり続けてみると、なかなか**勉強をするだけでは培うことができないことを学ぶことができた**と感じているとの声が多く聞こえてきました。

- ●Mリーガーも参加する子ども麻雀大会が開催
- ●麻雀で集中力や協調性が養えたとの声が多い
- ●勉強だけでは学べないことが麻雀で培える

序章　IQが上がる頭脳スポーツ「麻雀」

COLUMN

高学歴Mリーガーや経営者も輩出する麻雀

　近年、麻雀は知的なゲームのひとつとして数えられるようになりました。もともと運要素の強いゲームとされていた麻雀ですが、近年では戦い方をデータで分析できるようになり、戦略を論理的に組み立てていくことが勝利のカギになっています。

　知性のあるゲームになった麻雀は競技者層も変わりつつあり、Mリーガーには東京大学に現役合格を果たし、医師でもある渡辺太氏や、慶應義塾大学に進学後、ベンチャー企業の副社長を経てMリーガーへ転身した醍醐大氏など、高学歴の持ち主が多くいます。さらには、経営者や実業家にも麻雀に親しみのある人は数多く、藤田晋氏（サイバーエージェント代表取締役）や堀江貴文氏（実業家）なども麻雀に造詣の深い著名人としてあげられます。

　麻雀が好きな人が学業やビジネスで成果を残している理由はさまざまですが、ひとつには「考えることを止めてはいけないゲーム」という麻雀の特性があると語られています。常に試行錯誤をくり返し、勉強を重ねながら上達する麻雀だからこそ、学習のやり方を確立でき、それが学業面でも活かされるようです。また、社会に出ると絶対的な正解がある場面は少なく、見える情報から見えない結果を推測し、最善策をとることが問われます。この一連の考え方がまさに麻雀でも求められます。常に期待値を意識しながら、刻一刻と変わる状況のなかで、どの判断がベストかを考え続けることは、学校教育では学びにくく、だからこそ麻雀が必要とされる要因になっているとも考えられます。

麻雀の基本

難しい印象をもたれがちな麻雀ですが、
実はルールは単純で一度理解できれば誰でも楽しく遊べます。
この章では、麻雀で遊ぶためのルールについて見ていきます。

麻雀を実際にやってみよう！

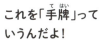

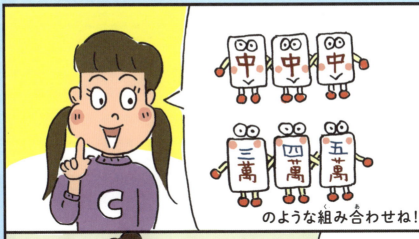

麻雀牌の名前と種類

麻雀牌には、いろいろな字や絵がかかれています。
まずはこれらの名前と種類を覚えることからはじめましょう。

麻雀で使う牌を覚えよう

　麻雀は、「数牌」と「字牌」を合わせた計136枚の牌を使って行うゲームで、その内訳は上の図の通りです。数牌はさらに「マンズ」「ピンズ」「ソーズ」の3種類、字牌は「風牌」「三元牌」の2種類があり、すべての種類の牌が4枚ずつあります。

自分の得点は点棒で表す

麻雀の勝敗は、おたがいにもっている得点をやり取りした結果で決まります。そのやり取りに使われるのが点棒です。ゲーム開始時のそれぞれの持ち点は、一般に25,000点（競技麻雀では30,000点）。点棒の配分は下の図の通りです。

10,000点棒……　●•:•●　×1
5,000点棒……　:•:　×2
1,000点棒……　●　×4
100点棒……　::::　×10

数牌のなかの1・9牌を「老頭牌」、三元牌・風牌・老頭牌を合わせて「幺九牌」と呼ぶことも覚えておくと役（P52）をつくるときに覚えやすいよ。

ゲームをはじめる準備

麻雀にはプレイヤーのすわる場所や牌のならべ方など、さまざまなルールがあります。ステップにしたがって覚えていきましょう。

ステップ❶ 場所決めをしよう

　各プレイヤーのすわる位置を決めることを「場所決め」といいます。サイコロを振って決めるのが正式ですが、現在は東・南・西・北の4枚の牌をふせた状態で、プレイヤー全員が1枚ずつ引いていく「つかみ取り」が一般的です。

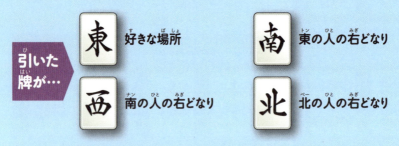

ステップ❷ 起家（親）を決めよう

　起家とは最初に親になる人のこと。場所決めで東を引いた人は仮の起点（仮東）にすぎません。仮東になった人が2つのサイコロを振り、出た目の数だけ、仮東から反時計回りに数えた場所が起家です。起家（親）のすわっている場所が正式な東家となり、そこから反時計回りに南家・西家・北家と決まります。

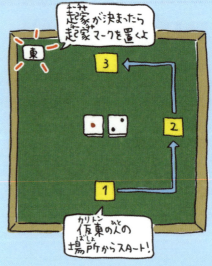

ステップ❸ 牌山をつくろう

　この時点では、牌はまだバラバラで卓上に置かれています。これらの牌を裏返しにして4人でかき交ぜ、それぞれが17×2段に積み上げれば、牌山の完成です。

ステップ❹ 配牌しよう

　最初に配られる牌を「配牌」といいます。はじめに、親（東家）がサイコロ2個を振ります。そのときに出た目の数で牌を取りはじめる牌山が決まります。出た目の数が7なら（下図）、親から反時計回りに数えて7番目、つまり西家の牌山の、西家から見て右から7列分の牌を残して、東家→南家→西家→北家の順に牌を4枚ずつ（2枚に積まれた牌の2列分）取ります。これを、手元の牌が12枚になるまで、3回行いましょう。最後に親がもう2枚、子がもう1枚ずつ牌を取れば、配牌が完了です。

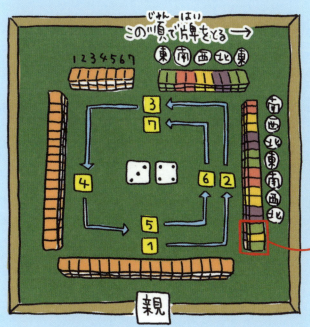

配牌時点で各プレイヤーの手元にある牌の数は13枚。親だけは、最初のツモ（P34）を省略するために、1列目と3列目の上段を同時に取って14枚にします。

これで準備はOK！

ゲームの流れ

配牌してドラ（P53）を決めたら、いよいよゲームがスタート。
ここでは1局の流れと全体の流れについて解説します。

ゲームをはじめよう

　配牌したときは、牌は親が14枚、子が13枚の状態になっています。これは、親の最初のツモを省略するためなので、親が牌を1枚捨てるところからゲームがはじまります。東家の親が最初の1枚を捨てたら、南家→西家→北家の順で反時計回りに牌山から1枚ずつ引いていきます。牌山から牌を引くことを「ツモ（る）」、いらない牌を捨てる場所を「河」、その河に牌を捨てることを「打牌」といいます。

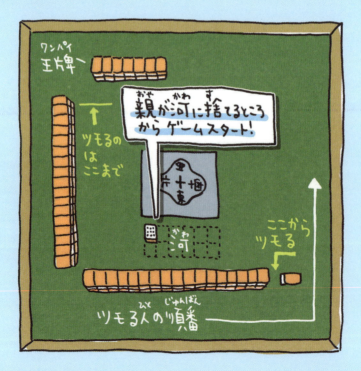

全体の流れ

麻雀の1回のゲームを「半荘」といいます。東場と南場で4人が1局ずつ親をやると、半荘が終了します。

1局の終了

プレイヤーが順番に牌をツモったり打牌したりしていくうちに、自分が持っている牌（手牌）の組み合わせがあと1枚でアガれる状態（テンパイ）になったとき、その最後の1枚を自分でツモれば「ツモアガリ」、ほかのプレイヤーが捨てた牌でアガったら「ロンアガリ」といって、そのゲームは終了です。また、誰もアガれないまま牌山にツモれる牌が1枚もなくなった場合も「流局」という形でゲームが終了します（P47）。

親の移動

ゲームをはじめる前に親を決めますが、この親はずっとそのままではありません。1局ごとに、反時計回りで次の人が親を務めます。しかし、親がアガったり、テンパイしたまま流局になったときは、再び同じ人が親を続けます。

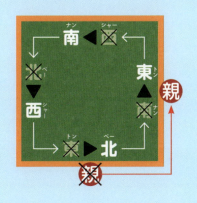

アガるためのルール

麻雀は基本的にアガリを目指してゲームを行いますが、アガるために必要な条件があります。ここではその条件について解説します。

ルール❶ 「コンビ1組・トリオ4組」の基本形をつくる

麻雀は、牌のならべ方によってアガリの形をつくり、そこで勝敗を決めるゲームです。もっとも基本的なアガリの形は、2枚の牌でつくる「アタマ」が1つと、3枚の牌でつくる「メンツ」が4つの組み合わせです。

● 「アタマ」って何？
同じ牌を2枚そろえた形をアタマと呼びます。正式名称は「雀頭」。アガリの形に1つ必要です。

● 「メンツ」って何？
メンツ（面子）とは、アガリの形で必要な、アタマ以外の部分です。同一の牌が3枚、あるいは数字が連続した3枚の牌でつくるのがメンツの基本形。メンツにはさらに、「シュンツ」「コーツ」、それに特殊な形の「カンツ」と「トイツ」の4タイプあります。

タイプ❶ シュンツ（順子）
シュンツは、「1・2・3」「7・8・9」のように、同じ数牌の数字が3枚連続した形のメンツ。「9・1・2」のようなならびはシュンツになりません。

2 → 3 → 4 〇

8 → 9 → 1 ✕

| タイプ❷
コーツ
（刻子） | コーツは、まったく同じ牌が3枚そろった形のメンツ。シュンツは数牌でしかつくれませんが、コーツは字牌でもつくれます。 | |

| タイプ❸
カンツ
（槓子） | カンツは、同一の牌が4枚そろった形。くわしくは、「カン」の項（P42）で解説します。 |  |

| タイプ❹
トイツ
（対子） | トイツは、同じ牌が2枚そろっている形のこと。アタマもトイツの一種です。このほかに、「チートイツ」（P69）というアガリ役を構成する2枚ずつの牌のこともトイツといいます。 | |

ルール❷ 1つ以上の役を必ずつくる

　アタマやメンツの形は、アガるための必須条件ですが、それだけではまだすべての条件を満たしているとはいえません。麻雀には、手牌の形を整える以外にも「役」と呼ばれるものを最低1つ以上つくらないと、アガれないというルールがあります。くわしくは第2章「役の基本」（P52）で解説します。

ルール❸ フリテンになっていないか？

　たとえばテンパイになっても、アガリ牌のうちのいずれか1枚でも先に自分で捨ててしまっていると、ロンアガリすることができません。このような状態を「フリテン」といいます（P38）。

フリテンには気をつけよう

フリテンとは、ロンアガリ（P46）ができない状態（ツモアガリ〈P46〉はOK）。以下の3つの条件のうち、1つでも満たしてしまうと、フリテンになってしまいます。

アガリ牌が自分の捨て牌のなかにある

たとえば自分がピンズの1を先に捨てていて、そのあとにツモった牌の組み合わせから、ピンズの1・4がアガリ牌になったとします。このような状態でほかの人がピンズの1や4を捨てても、ロンをすることはできません。

アガリ牌を見逃した

ほかの人が捨てた牌が自分のアガリ牌だったにもかかわらず、それを見逃してしまった場合は、条件付きでフリテンとみなされます。再びロンアガリの権利を取り戻すには、自分のツモが1回終わるまで待たなければなりません。

リーチした後にアガリ牌を見逃した

リーチ（P56）をかけたのに、アガリ牌を見逃してロンを宣言しなかった場合も、フリテン扱いになります。これをしてしまうと最後までツモ以外ではアガることができません。

鳴きの基本

メンツをつくるために、ほかの人の捨て牌を手に入れることを「鳴く」といいます。
鳴くときは「ポン」「チー」などと声に出します。

鳴きは3種類

鳴きには「ポン」「チー」「カン」の3種類があります。これらをするときは「ポン」や「チー」などと声に出して宣言をします。

ポン 自分の手牌のなかにトイツがあって、ほかの人が捨てた牌がそれと同じ牌だったら、「ポン」を宣言してコーツをつくることができます。

チー シュンツをつくるためにほかの人が捨てた牌を取ることを「チー」といいます。ただし、チーできるのは左どなりの人が捨てた牌だけです。

カン 同じ牌が4枚そろうことをカンツといいます。手牌のなかで4枚そろう「暗カン」と、ほかの人が捨てた牌でできる「明カン」などがあります。

鳴くときの手順

鳴くとほかの人が捨てた牌を取って、4つのメンツのどれかをつくることが可能です。下の手順にしたがえば、かんたんにポン・チー・カンをすることができます。

① 必要な牌が捨てられる

もう1枚牌がそろえば、コーツやシュンツ、カンツができるという手牌の状態で、そのために必要な牌がほかの人によって捨てられる。

② 声に出して宣言する

コーツがつくれるときには「ポン」、シュンツがつくれるときには「チー」、カンツがつくれるときには「カン」と、相手に聞こえる声で宣言する。

③ 不要な牌を捨てる

ほかの人が捨てた牌を手に入れたぶん手牌が1枚多くなるので、不要な牌を1枚捨てる。

第1章 麻雀の基本

39

ポン

手牌にトイツがあって、あと1枚でコーツになるとき、
ほかの人がそれと同じ牌を捨てれば、ポンをしてコーツをつくることができます。

ポンは誰からでも鳴くことができる

手牌のトイツをコーツにできるポンは、左どなりの人（上家）、右どなりの人（下家）、向かいの人（対面）の誰からでも鳴けます。誰かがお目当ての牌を捨て、必要であれば、すぐに「ポン！」といいましょう。コーツになった牌は、卓上の右端に、表向きにしてさらします。

誰からもらったかわかるように置く

牌を卓上の右側にさらすときは、誰からポンをしたかが一目でわかるように、牌の置き方を下図のようにします。

上家から鳴いたとき	対面から鳴いたとき	下家から鳴いたとき

ポンをして不要な牌を1枚捨てたら、次にツモるのは必ずポンをした人の右どなりにいる人です。

チー

コーツをつくるために鳴くのがポンであるのに対し、
チーはシュンツをつくるために鳴いて、上家の人が捨てた牌を取る方法です。

チーは上家からだけ

ポンは誰が捨てた牌でも取れますが、チーは上家（左どなり）の人からしか取れません。「チー」と宣言したら、手持ちの牌2枚とチーで得た牌の計3枚を卓上の右端に、図柄が表になるようにして置きましょう。

もらった牌は横にして置く

卓上にさらす牌は、チーをしてもらった牌を一番左に置いて向きは横向き、あとの2枚は縦に置きます。数字の順ではないので注意してください。

> ポンやチーをすると早くメンツをつくれるけど、鳴くと翻数（P52）が下がったり、つくれなくなる役もあるから注意だね！

カン

メンツは3枚でつくるのが基本ですが、同一の牌を4枚そろえて「カン」にすることもできます。

カンは全部で3種類

カンをしたときは、4枚の牌を卓上の右端に置きます。カンのつくり方には次の3種類があります。カンはポンと同じように誰からでも鳴くことができます。

タイプ❶ 暗カン

自分のツモで同一の牌が4枚そろった場合は「暗カン」といいます。卓上には、両端の2枚を裏返した形でさらします。

タイプ❷ 明カン

手牌のコーツに、ほかの人が捨てた同一の牌を加えてつくるのを「明カン」といいます。誰からカンをしたかがわかるように、カンをした1枚だけを横置きにしてならべます。

タイプ❸ 加カン

「加カン」は、ポンをしてすでにさらしている3枚と、あとからツモった同一の牌とでつくるカンです。ポンのときに横置きにした牌と、新たにツモった牌を重ねてさらします。

カンをしたらリンシャン牌をツモる

　カンをするときも、ポンやチーと同じように宣言します。暗カンや加カンなら同じ牌が手の内に4枚そろった時点で、明カンなら相手が牌を捨てた時点で「カン」といいます。また、鳴いたあとは手牌の不要な牌を1枚捨てますが、カンの場合は捨ててしまうと手牌が1枚少なくなってしまうので、さらに王牌からリンシャン牌（カンをしたときにツモる牌）を1枚ツモります。

カンをするとドラが増える

　ポンやチーにはないカンの特徴は、カンをするとドラ（P53）が1つ増えるということです。ドラは、その牌をもっていると得点が増えますから、それだけチャンスが広がります。ただし、このチャンスはほかの人にも平等にあたえられます。

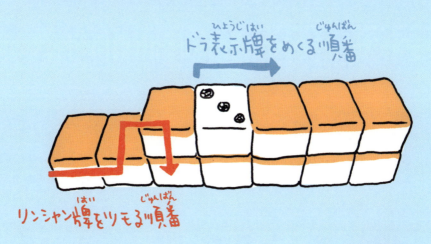

王牌は牌山の終わりから数えて14枚目まで。リンシャン牌としてカンしたときにツモれるのは、ドラ表示牌の手前の4枚だよ。

テンパイの形

麻雀では、あと1枚でアガリの状態を「テンパイ（聴牌）」といいます。
テンパイの待ちには5つの種類があります。

テンパイの待ちは5種類

テンパイの待ちは、「タンキ待ち」「リャンメン待ち」「カンチャン待ち」「ペンチャン待ち」「シャンポン待ち」の5種類です。

タイプ❶ タンキ待ち

「タンキ」を漢字で書くと「単騎」です。アタマが未完成の状態で、待ち牌が1種類だけなので、そう呼ばれています。

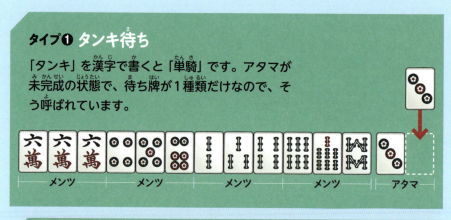

タイプ❷ リャンメン待ち

連続した2枚の数牌があって、両側のどちらがきてもアガれる待ちの状態。下図の例でいえば、2と5のどちらが来てもOKです。

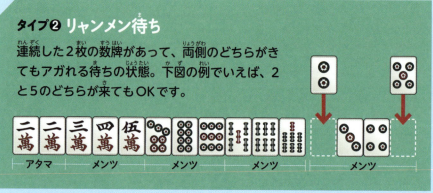

タイプ❸ カンチャン待ち

「1・3」のように、数が1つ飛んだ状態の数牌が1組あるときの待ち方。この場合のアガリ牌は「2」です。

タイプ❹ ペンチャン待ち

「1・2」があって「3」を待つ、あるいは「8・9」があって「7」を待つ状態です。

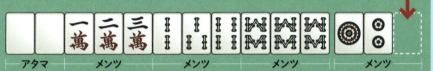

タイプ❺ シャンポン待ち（シャボ待ち）

2種類のトイツをもっていて、どちらかがコーツになれば、残りがアタマになる状態です。

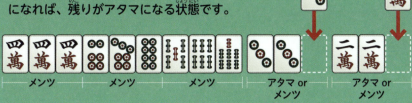

これら5種類のいくつかが組み合わさった「多面待ち」になることもあるよ。待ち牌が多ければ、それだけアガれる確率も高くなるんだ！

ツモ・ロン・流局

テンパイの形ができたら、あとはツモかロンでアガリです。最後まで誰もアガれず、そのままゲームが終了したときは流局となります。

ツモアガリ

自分がツモった牌でそのままアガるのが「ツモアガリ」です。メンゼン（鳴いていない）なら、それだけで1翻（P52）がつくので、ほかに役がなくてもアガれます。目当ての牌がきたときは、「ツモ！」といってツモった牌をさらし、手牌もほかの人から見えるようにすべて倒しましょう。アガった人の得点は、ほかの3人が負担します。

ロンアガリ

ほかの人が捨てた牌でアガるのが「ロンアガリ」です。捨てられた牌が自分のアガリ牌だとわかったら、すぐに「ロン！」といって手牌がほかの人からも見えるようにすべて倒しましょう。アガった人の得点は、アガリ牌を捨てた人が1人で負担します。

捨て牌に対して複数の人からロンがかかった場合、ロンされた人から見て、反時計回りで一番近い人がアガる権利を「頭ハネ」と呼ぶよ！

流局

　プレイヤー全員が最後までアガれずに1局が終了することを「流局」といいます。こういう場合は、その時点でテンパイしているかどうかが重要。なぜなら、テンパイしていない（ノーテン）人は、テンパイしている人に点を支払う必要があるためです。

●ノーテン罰符

ノーテンの人がテンパイしている人に支払う点を「ノーテン罰符」といいます。支払い方は、テンパイしている人の数によって、下のように決まっています。

1人がテンパイのとき	ノーテンの3人が、1人に1,000点ずつ支払う
2人がテンパイのとき	ノーテンの2人が、1,500点ずつ支払う
3人がテンパイのとき	ノーテンの1人が、3人に1,000点ずつ支払う

連荘と積み場

　麻雀の親は、1局ずつ順番に回ってきますが、同じ人が続けて親になる場合もあります。それは、親がアガったときと、親がテンパイしている状態で流局になったときです。このように、親が次の局も続けて親になることを「連荘」といいます。連荘になったときは、そのたびに親が100点棒を1本ずつ卓上の右端に置いていきます。これは「積み棒」と呼ばれ、100点棒が1本なら「1本場」、2本なら「2本場」といいます。積み棒は、1本につき300点がアガった人に加算されるしくみです。

連荘になる場合	●親がアガる　●親がテンパイした状態で流局になる

1本場	連荘の場合	2本場	連荘の場合	3本場以降
アガリ点+300点		アガリ点+600点		※以降、+300点ずつ加算

連荘でない場合	連荘でない場合	
次の局へ	次の局へ	※親がノーテンで流局した場合は次の局に移るが、積み場は継続する。

COLUMN

プロ雀士はどんな仕事をしているの?

プロ雀士(麻雀プロ)はいつもどのようなお仕事をしているのかといった疑問にこたえるべく、麻雀プロについて説明していきます。

まず、麻雀プロと呼ばれる人たちは「麻雀プロ団体」に所属しており、Mリーグに出場する人は5つの麻雀プロ団体の選手から選ばれます。麻雀プロになる方法や、活動内容は団体ごとに異なっています。

麻雀プロ団体	●日本プロ麻雀連盟 ●最高位戦日本プロ麻雀協会 ●日本プロ麻雀協会 ●RMU ●麻将連合 -μ-	Mリーグに出場可能 →
	●日本101競技連盟 ●全日本麻雀協会 ●麻雀共同体WW	

ぼくが所属しているのは「日本プロ麻雀協会」という団体です。この団体に所属するには筆記、面接、実技からなるプロ試験を突破しなければなりませんが、年々合格するのが難しくなってきています。

麻雀プロは一種の資格のようなもので、これをもっているからといって、お給料がもらえるわけではありません。団体が運営する大会に出場する権利がもらえ、そこで勝ち抜けば有名になり、Mリーグや本の執筆、麻雀教室の先生などのお仕事をもらえて、プロとして稼げるようになっていきます。ですから、ほとんどのプロは麻雀のほかに別のお仕事をしています。麻雀屋さんで働いていることが多いのですが、社長さんであったり、芸能人であったり、最近ではぼくのように医療関係でお仕事をしている人も多いです。リーグ戦は基本的には土日に開催されるため、いろいろなお仕事をしながらもお休みの日に活動することができるのです。みんなで真剣に麻雀の腕を競い合い、また、たくさんの人に麻雀を広めるという共通の目的をもって集まっているところが、麻雀プロ団体の魅力のひとつです。

第2章

役を覚えて高得点をゲットしよう!

麻雀は「役」という手牌の組み合わせによって得点が変わります。
この章では、役のつくり方や点数の計算方法について見ていきます。

この章の、役を紹介するページ（P54～89）では、役の名前につづいて下のような表示で役の特徴を説明しています。

● 役のそれぞれの強さを六角形のグラフで表しています
▶攻撃力　翻数などの得点力
▶守備力　リスクを避けることができる力
▶すばやさ　役をつくるまでの早さ
▶バレにくさ　つくっている役の相手へのバレにくさ
▶柔軟性　ほかの役へのつくり変えやすさ
▶連携　ほかの役との組み合わせやすさ

● 役が出現する度合いを「B～SSS」で表しています

● この役の翻数を表しています

● この役をつくるときに鳴いてもよいかを表しています
▶メンゼンのみ　鳴いてはいけません
▶食い制限なし　鳴くことができます
▶食い下がり○翻　鳴くと○翻に下がります

麻雀は役が勝敗のカギを握る!

役の基本

麻雀では手牌を「役」と呼ばれる組み合わせにすることが重要です。
ここでは、「役」の基本的な知識を解説します。

「役」とは、アガるために必要な牌の組み合わせ

麻雀の手牌は、アタマ＋メンツの形にすることが基本です。なかには、それとは違う形でアガリになる特別な組み合わせもありますが、どちらの場合も、**アガることができる手牌の組み合わせのことを「役」と呼びます。**最低1つ以上の役をつくることがアガリの条件です。

役は「翻」という単位を使って数える

牌の組み合わせによっては、役の数が上がります。**役の数を数えるときの単位は「翻」です。**難易度の高い役ほどそろえるのが難しく、そのぶん翻数も上がります。また、4〜5翻以上のアガリには、満貫や跳満などの別名があります。4〜5翻は満貫、6〜7翻は跳満、8〜10翻は倍満、11〜12翻は3倍満、13翻以上の最高得点のアガリ数は役満です。

メンゼンと食い下がり

メンゼンとは、ポンやチー、カンなどをせずに、**ツモった牌だけで手をつくることをいいます。**役のなかには、メンゼンでそろえた場合のみに得点が認められるものもあります。また、たとえ鳴きが認められても、翻数が下がる役もあります。このように、ポンやチーをすることで**役の翻数が下がることを「食い下がり」**といいます。

ドラ

麻雀でより高い得点を狙うためには「ドラ」がとても重要です。ここでは、ドラの役割やその決め方について解説します。

ドラをもってアガると得点アップ

「ドラ」とは、アガったときに**手牌のなかにあると得点が加算される牌**のことです。ドラは1枚もっていれば1翻、2枚もっていれば2翻といったように、枚数に合わせて翻数も上がります。ただし、ドラは役ではないので、これだけをもっていてもアガることはできません。必ずほかの役が必要です。

ドラになるのは表示牌の次！

どの牌がドラなのかは「ドラ表示牌」で決まります。**ドラ表示牌は、配牌後の牌山の最後尾から数えて上段3枚目の牌**です。ドラ表示牌をめくって確認したら、**その次の牌がドラ**となります。ドラ表示牌と次の牌の関係は、下図の通りですので、このまま覚えてしまいましょう。

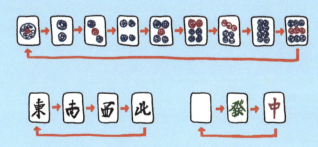

ポンやチーなしでツモアガリする
メンゼンツモ
［門前清自摸和］

メンツはシュンツでもコーツでもOK！

ツモった牌によって偶然できることも多い

　メンゼンとは、ポンやチー、カンをしない（鳴かない）という意味です。自分が鳴いていない状態で、アガリ牌をツモったときにつく役がメンゼンツモ（暗カンはあってもOK）。リーチをかけることも、ほかの役と組み合わせることもできます。

役をつくるポイント	
組み合わせ	どの牌でもつくれる。 チートイツ（P69）でもOK
アタマの形	なんでもOK
食い制限	メンゼンのみ
待ち方	どんな待ちでもOK

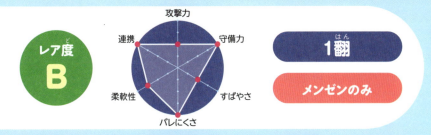

メンゼンなら牌の種類はなんでもOK!

 ツモアガリはガマンのごほうび！

ツモだけでアガることは少なく、ほかの役と一緒にアガることが普通です。特にリーチ（P56）との相性がよく、リーチ＋ツモが麻雀の基本コンボです。

確認問題

メンゼンツモになるのはどっち？

 「メンゼン」とはどういう意味か思い出そう！

こたえは57ページ

これを宣言するだけで自動的に1翻がつく
リーチ
[立直]

牌の組み合わせはなんでもOK！

ほかに役がなくてもアガることができる

テンパイ（あと1枚でアガれる状態）したとき、自分からそれを宣言するのをリーチといいます。牌を切るのと同時に「リーチ」という声とともに1,000点棒を出しましょう。そのときの捨て牌は、横倒しにします。ただし、鳴いていたらリーチはできません。

役をつくるポイント

組み合わせ	どの牌でもつくれる。チートイツ（P69）でもOK
アタマの形	なんでもOK
食い制限	メンゼンのみ
待ち方	どんな待ちでもOK

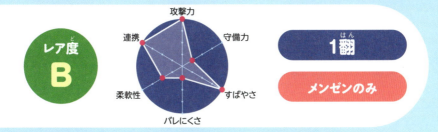

リーチをしたら待ち牌は変えられない

現代麻雀の主人公

いまの麻雀のことを「リーチ麻雀」と呼ぶことがあるくらい大事な役。得点だけでなく、相手にプレッシャーをあたえて自由にさせない力があるよ。

リーチをするとボーナスがついてくる！

リーチをすると次のような2つのボーナスがついてきます。

イッパツ　リーチをしたあと、再び自分の番が来るまでにロンアガリ、または次の自分の番でツモアガリするとさらに1翻つきます。ただし、次に自分の番が来るまでに誰かが鳴くと、イッパツはつきません。

裏ドラ　リーチをしてアガった場合、ドラ表示牌の下にある牌も、新たにドラ表示牌となるルールです。ドラが1種類増えるため、高得点のチャンスが広がります。

アタマとシュンツでつくる役
ピンフ
[平和]

アタマ以外はすべてシュンツ（3枚連続した数牌）

アタマ以外はすべて連続した数牌

　アタマと4組のシュンツでできる役がピンフです。シュンツとは数牌が3枚連続した状態のことですが、チーでこの形をつくってしまうとピンフにはなりません。アガリ牌の待ちがリャンメン待ちであることも条件です。

役をつくるポイント

組み合わせ	4組のメンツが すべてシュンツでなければならない
アタマの形	ヤクハイ（P62）以外の牌。 テンパイ時にアタマがつくれていることも条件
食い制限	メンゼンのみ
待ち方	リャンメン待ちのみ

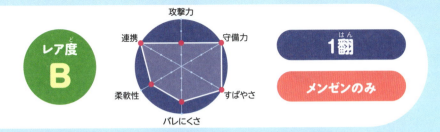

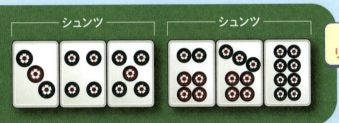

アガリ牌は
リャンメン待ち!

使いこなせたら上級者!

リャンメン待ちをつくるのが上手になってくれば、自然とできる回数が増えてくるよ。リーチやメンゼンツモとの相性もいいよ。

ピンフになるのはどっち?

① 三萬 伍萬 六萬 七萬 一筒 一筒 一筒 三筒 三筒 三筒 四筒 四筒 四筒 三萬

② 三萬 三萬 伍萬 六萬 七萬 一筒 一筒 一筒 三筒 三筒 三筒 四筒 四筒 西

 リャンメン待ちでないとピンフではアガれないよ!

こたえは61ページ

第2章 役を覚えて高得点をゲットしよう!

59

全部の組み合わせが2〜8の牌だけ

タンヤオ

[断么九]

┌─ アタマ ─┐　┌──── メンツ ────┐　┌──── メンツ ────┐

🎴🎴　三萬 三萬 三萬　六萬 七萬 八萬

2〜8の数牌ならシュンツでもコーツでもOK!

2〜8の牌は集めやすい

　アタマもメンツも、すべて2〜8の牌でできている役です。組み合わせはシュンツでもコーツでも可。2〜8の数牌は、全部で84枚もあるため、集めやすいというメリットがあります。さらに、ポンやチーを活用できるので、早くそろえやすい役です。

役をつくるポイント

組み合わせ	アタマとメンツがどちらも2〜8の数牌を組み合わせたもの
アタマの形	2〜8の数牌であることが必要
食い制限	鳴いてもOK
待ち方	カンチャン待ち、リャンメン待ち、シャンポン待ち、タンキ待ちのいずれか

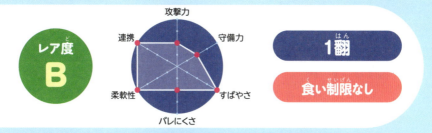

現代麻雀の不動のレギュラー

ポンやチーをしてもよいので、とてもつくりやすいよ。ただし、鳴きすぎると待ちもバレやすく、相手に振り込む確率も上がるから注意しよう。

確認問題

タンヤオになるのはどっち？

💡 中国語の「断么九」には「一と九を断つ」という意味があるよ！

 59ページのこたえ ②

こたえは62ページ

鳴いてもツモっても3枚あればOK
ヤクハイ
[役牌]

レア度 **B**

攻撃力・連携・守備力・すばやさ・バレにくさ・柔軟性

1翻 **食い制限なし**

コーツでもカンツでもOK

早アガリへの特急券

ヤクハイは、白・發・中の三元牌、場風牌（東場の東、南場の南）、自風牌（東家の東、南家の南、西家の西、北家の北）をコーツかカンツにするとつく役です。ポンを活用してそろえられるので、手っ取り早くアガれるというメリットがあります。

役をつくるポイント

組み合わせ	三元牌、場風牌、自風牌のどれかをコーツ（カンツ）でそろえる
アタマの形	なんでもOK
食い制限	鳴いてもOK
待ち方	どんな待ちでもOK

61ページのこたえ ①

同じ数牌でシュンツを2組つくる
イーペーコー
[一盃口]

1翻 **メンゼンのみ**

レア度 **A**

攻撃力／守備力／すばやさ／バレにくさ／柔軟性／連携

アタマ｜シュンツ｜シュンツ｜メンツ｜メンツ

同じ種類と数字の数牌を2組そろえる

第2章 役を覚えて高得点をゲットしよう！

同じ組み合わせのメンツを2組つくろう

　同じ種類の数牌で同じ数の2組のシュンツをつくるとイーペーコーになります。たとえば、片方がマンズの「1・2・3」ならもう片方もマンズの「1・2・3」、片方がピンズの「3・4・5」ならもう片方もピンズ「3・4・5」であることが条件です。

役をつくるポイント

組み合わせ	同じ組み合わせのシュンツを2組そろえればOK
アタマの形	なんでもOK
食い制限	メンゼンのみ
待ち方	どんな待ちでもOK

63

最後の牌でツモまたはロンする
ハイテイ／ホーテイ

レア度 **S**

[海底撈月／河底撈魚]

1翻 **食い制限なし**

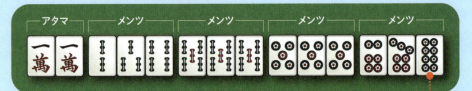

最後の牌でツモするとハイテイ、
最後の牌でロンをするとホーテイ

違いはツモでアガるかロンでアガるか

牌山に最後に残った牌でツモアガリするのがハイテイ。局の最後に捨てられた牌でロンアガリするのがホーテイです。どちらも1翻です。

役をつくるポイント

組み合わせ	アガリの形になっていればなんでもOK
アタマの形	なんでもOK
食い制限	鳴いてもOK
待ち方	どんな待ちでもOK

カンしてツモった牌でアガる
リンシャンカイホー

[嶺上開花]

1翻 **食い制限なし**

レア度 **S**

カンをしたとき
リンシャン牌から
ツモった牌でアガる

カンツはなんの牌でつくってもOK!

第2章 役を覚えて高得点をゲットしよう!

カンのおまけでついてくる役

　カンをしたときにツモった牌（リンシャン牌）でアガるのが、リンシャンカイホーです。狙ってできる役ではないので難易度は高いのですが、1翻しかつきません。リンシャン牌をツモれればラッキーくらいの気持ちでいましょう。

役をつくるポイント

組み合わせ	アガリの形になっていればなんでもOK
アタマの形	なんでもOK
食い制限	鳴いてもOK
待ち方	どんな待ちでもOK

65

他家がカンした牌でアガる
チャンカン
[槍槓]

1翻　食い制限なし

他家の人がカンをした牌が自分の待ち牌

相手の加カンでロン！

他家がポンに加えたカン牌でロン

　ポンをしているのと同じ牌（4枚目の牌）を、ポンでそろえたコーツに加えることを「加カン」（P42）といいます。他家が加カンしようとしたとき、テンパイしている自分の待ち牌がその牌だと、ほかに役がなくてもロンができます。これがチャンカンです。

役をつくるポイント

組み合わせ	アガリの形になっていればなんでもOK
アタマの形	なんでもOK
食い制限	鳴いてもOK
待ち方	ペンチャン待ち、カンチャン待ち、リャンメン待ちのいずれか

サンショクドウジュン

3種の数牌で同じ数字のシュンツをつくる

[三色同順]

レア度 **A**

2翻 **食い下がり1翻**

― アタマ ― シュンツ ― シュンツ ― シュンツ ― メンツ ―

同じ数字の組み合わせ　　　マンズ、ピンズ、ソーズでできている

第2章 役を覚えて高得点をゲットしよう！

3種の数牌だから「サンショク」

　マンズ、ピンズ、ソーズという3種類の数牌で、しかもそれらがすべて同じ数字のシュンツになるとサンショクドウジュンです。鳴かずにできれば2翻ですが、鳴くと1翻になります。高得点を狙うために、タンヤオやピンフとよく一緒に使われます。

役をつくるポイント

組み合わせ	マンズ、ピンズ、ソーズの数牌で、同じ数字を組み合わせたシュンツを3組そろえる。ほかのメンツはなんでもOK
アタマの形	なんでもOK
食い制限	鳴いたら1翻下がる
待ち方	どんな待ちでもOK

67

イッキツウカン

数牌が1から9まで一気に並ぶ！

[一気通貫]

レア度 A

2翻　食い下がり1翻

同じ種類の数牌を1から9までそろえる

同じ柄の数牌が7枚以上あるときは狙い目

　同じ柄の数牌を1から9までずらっとそろえると、イッキツウカンという役がつきます。同じ種類であれば、マンズ、ピンズ、ソーズのどれでもかまいません。チーをしてもOKですが、その場合は2翻から1翻に下がります。

役をつくるポイント

組み合わせ	3組のメンツを1種類の数牌で1〜9までそろえる。ほかのメンツはなんでもOK
アタマの形	なんでもOK
食い制限	鳴いたら1翻下がる
待ち方	どんな待ちでもOK

同じ牌のペアを7組そろえる
チートイツ
[七対子]

2翻　メンゼンのみ

レア度 A

攻撃力／守備力／すばやさ／バレにくさ／柔軟性／連携

同じ牌のペア（トイツ）が7組

ペアであれば牌の種類はなんでもOK！

「アタマ＋4メンツ」のアガリ形ではない特別な役

チートイツは「七対子」と書いて、同じ牌のペア（トイツ）が7つそろっていることを意味します。すべての牌がアタマみたいになっていますが、この役ではアタマとはみなしません。同じ牌を4つそろえるカンツをペア×2としては扱えません。

役をつくるポイント

組み合わせ	トイツを7組そろえる。ただし同じ牌のトイツが2組（同じ牌が4枚）では役にならない
アタマの形	トイツだけの組み合わせなのでアタマはない
食い制限	メンゼンのみ
待ち方	タンキ待ち

第2章　役を覚えて高得点をゲットしよう！

69

4組のコーツで完成
トイトイ
[対々和]

2翻 **食い制限なし**

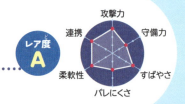

コーツはカンツでもOK！

ポン（またはカン）で
コーツをつくるのもOK

鳴いても翻数は変わらない

同じ牌で3枚のコーツを4種類つくればトイトイになります。コーツはカンをして同じ牌4枚（カンツ）の形でもかまいません。コーツはポンでつくってもOKです。食い下がりもありません。

役をつくるポイント

組み合わせ	4組のメンツがすべてコーツ（カンツでもOK）
アタマの形	なんでもOK
食い制限	鳴いてもOK
待ち方	タンキ待ち、シャンポン待ちのいずれか

3組の暗コーをそろえる
サンアンコー

[三暗刻]

2翻 **食い制限なし**

レア度 **S**

攻撃力／守備力／すばやさ／バレにくさ／柔軟性／連携

第2章 役を覚えて高得点をゲットしよう！

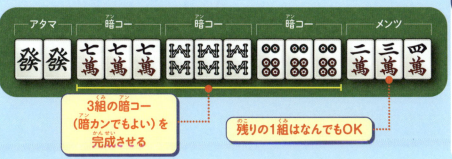

アタマ｜暗コー｜暗コー｜暗コー｜メンツ

3組の暗コー（暗カンでもよい）を完成させる

残りの1組はなんでもOK

ポンを使わずにコーツを3つそろえる

　暗コーとは、配牌とツモだけでつくったコーツのこと。3組の暗コーで完成する役なので「サンアンコー」と呼ばれています。残りの1組はなんでもOKです。ここがコーツだとトイトイも同時に成立、暗コーならスーアンコー（P83）です。

役をつくるポイント

組み合わせ	暗コーが3組とメンツが1組
アタマの形	なんでもOK
食い制限	暗コー以外のメンツなら鳴いてもOK
待ち方	どんな待ちでもOK

アタマとメンツのすべてに字牌か1・9牌が含まれる
チャンタ
[混全帯么九]

2翻　食い下がり1翻

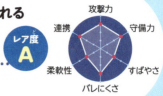

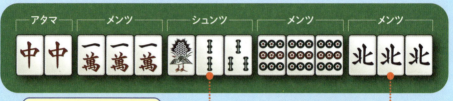

1・2・3や7・8・9などのシュンツが入る

字牌（または1・9牌）でもOK

2翻の役のなかではつくるのは意外と難しい

　正式名は混全帯么九で、アタマとメンツのすべてが字牌または1・9牌がらみでつくられていることを意味します。メンツはシュンツでもコーツでもかまいませんが、シュンツが1つ以上あることが条件です。鳴くと食い下がり1翻になります。

役をつくるポイント

組み合わせ	アタマと4つのメンツに字牌か1・9牌を含み、シュンツが1つ以上
アタマの形	字牌か1・9牌
食い制限	鳴いたら1翻下がる
待ち方	どんな待ちでもOK

サンショクドウコー
3種類の数牌で同じ数字のコーツをそろえる
[三色同刻]

レア度 **SS**

2翻 **食い制限なし**

攻撃力／守備力／すばやさ／バレにくさ／柔軟性／連携

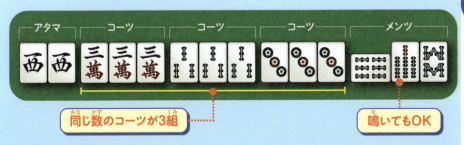

- アタマ / コーツ / コーツ / コーツ / メンツ
- 同じ数のコーツが3組
- 鳴いてもOK

第2章 役を覚えて高得点をゲットしよう！

食い下がりしないのがサンショクドウジュンとのちがい

3種類の数牌で同じ数字のコーツをそろえるのがサンショクドウコーです。食い制限はありません。ポンやカンでもOKで、翻の食い下がりもありません。

役をつくるポイント

組み合わせ	マンズ、ピンズ、ソーズで同じ数のコーツをつくる。ほかのメンツはなんでもOK
アタマの形	なんでもOK
食い制限	鳴いてもOK
待ち方	どんな待ちでもOK

3組のカンツをそろえる
サンカンツ
[三槓子]

2翻 / **食い制限なし**

レア度 **SS**

攻撃力／守備力／すばやさ／バレにくさ／柔軟性／連携

アタマ｜カンツ｜カンツ｜カンツ｜メンツ

アタマとほかのメンツはなんでもかまわない

カンツは明カンしても食い下がりなし！

暗カン、明カンのどちらでもOK

　3つのカンをそろえると、サンカンツという役になります。ほかの人が捨てた牌をカンをしてつくったカンツでも2翻のままです。役満級にレアで、めったにできあがりません。

役をつくるポイント

組み合わせ	カンツが3組そろえば、ほかのメンツはなんでもOK
アタマの形	なんでもOK
食い制限	鳴いてもOK
待ち方	どんな待ちでもOK

配牌＝即テンパイでそのままリーチ！
ダブルリーチ
[二重立直]

2翻 **メンゼンのみ**

レア度 **S**

攻撃力／守備力／すばやさ／バレにくさ／柔軟性／連携

| アタマ | メンツ | メンツ | メンツ | メンツ |

配牌の時点でテンパイしている　　最初に牌を捨てると同時にリーチ

第2章 役を覚えて高得点をゲットしよう！

最初の順番が来る前に誰も鳴いていないことが条件

　1巡目の最初の捨て牌でリーチをかけられれば、それで役が成立します。親でも子でもダブルリーチはできますが、子の場合は、自分がツモるよりも前にほかの人が鳴いていないことが条件となります。

役をつくるポイント

組み合わせ	アガリの形になっていればなんでもOK
アタマの形	なんでもOK
食い制限	メンゼンのみ
待ち方	どんな待ちでもOK

75

1種類の数牌と字牌でつくる
ホンイツ
[混一色]

数牌は同じ種類ならどれでも可

アタマと4つのメンツが字牌と1種類の数牌の組み合わせでつくられる役をホンイツといいます。数牌は、全部同じ種類であればマンズ・ピンズ・ソーズのどれでもOK。メンゼンの場合にはメンホンとも呼ばれます。

役をつくるポイント	
組み合わせ	字牌と、1種類の数牌だけでアタマと4組のメンツをそろえる。メンツはなんでもOK
アタマの形	字牌またはほかのメンツと同じ種類の数牌
食い制限	鳴いたら1翻下がる
待ち方	どんな待ちでもOK

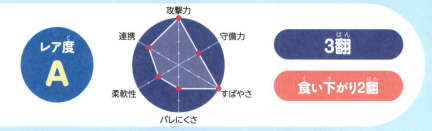

麻雀の4番バッター

鳴いても2翻で、字牌も使えるので早くつくりやすい！ 高得点を狙う柱となるので、毎回積極的に狙っていこう。

確認問題

ホンイツになるのはどっち？

ホンイツは中国語で書くと「混一色」だよ！

こたえは78ページ

数牌だけで1・9牌がらみのアタマとメンツをつくる

ジュンチャンタ

[純全帯么九]

レア度 **S**

3翻　食い下がり2翻

アタマは1か9どちらかの数牌

メンツがシュンツなら1・2・3または7・8・9、コーツなら1か9

字牌なしで チャンタより難易度が上がる

　ジュンチャンタはチャンタから字牌を除いた形の役です。シュンツでもコーツでも、すべてのメンツが1か9の牌を含む組み合わせにならなければいけません。そのぶんつくるのが難しくなるので3翻役となります。略して「ジュンチャン」ともいいます。

役をつくるポイント

組み合わせ	アタマと4組のメンツを1か9を含む数牌でつくる。数牌であればなんでもOK
アタマの形	1か9の牌
食い制限	鳴いたら1翻下がる
待ち方	どんな待ちでもOK

77ページのこたえ ①

78

イーペーコーを2組そろえる
リャンペーコー
[二盃口]

3翻 **メンゼンのみ**

レア度 **SS**

攻撃力・守備力・すばやさ・バレにくさ・柔軟性・連携

| アタマ | シュンツ | シュンツ | シュンツ | シュンツ |

同じ数で同じ種類のシュンツ（イーペーコー） ／ 同じ数で同じ種類のシュンツ（イーペーコー）

第2章 役を覚えて高得点をゲットしよう！

かんたんそうで難しいイーペーコーの上位役

イーペーコー（一盃口、P63）がダブルになったのがリャンペーコー（二盃口）です。とうぜんそろえる難しさも上がります。そのうえメンゼンのみで、ポンやチーをしてつくると役がつきません。これができたらかなりラッキーです。

役をつくるポイント

組み合わせ	種類と数字が同じ2組のシュンツを2セットそろえる
アタマの形	なんでもOK
食い制限	メンゼンのみ
待ち方	リャンメン待ち、ペンチャン待ち、カンチャン待ち、タンキ待ちのいずれか

すべてを1・9牌と字牌だけでつくる
ホンロートー

[混老頭]

2翻（実質4翻） 食い制限なし

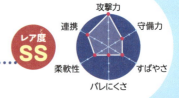

アタマと4組のコーツが字牌か1・9牌

トイトイかチートイツにもなるので実質4翻

トイトイやチートイツと複合して実質4翻

　アタマと4つのコーツ（またはカンツ）を、すべて字牌か1・9牌（老頭牌）でそろえるとホンロートーになります。ホンロートーは2翻役ですが、4組のコーツがそろっているために自然とトイトイ（P70）との複合で4翻役の「ホンロートイトイ」になります。ちなみに、7組のトイツをすべて字牌か1・9牌でそろえると「ホンローチートイツ」になり、これも4翻役です。

役をつくるポイント

組み合わせ	アタマとコーツのすべてが字牌か1・9牌
アタマの形	字牌か1・9牌
食い制限	鳴いてもOK。ただしホンローチートイツだけはメンゼンに限られる
待ち方	タンキ待ち、シャンポン待ちのいずれか

白・發・中でアタマと2メンツをつくる
ショウサンゲン
[小三元]

2翻（実質4翻）　食い制限なし

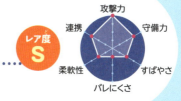

アタマは三元牌でつくる

三元牌がコーツになると1翻なので合計で実質4翻になるよ！

大きな役で食い下がりもなし

　三元牌（白・發・中）のうち、1種類でアタマ、ほかの2種類でコーツ（カンツ）をつくるとショウサンゲンという役になります。三元牌のコーツはそれだけで1翻がつくので、2つのコーツで2翻。この役の2翻と合わせて実質4翻になります。

役をつくるポイント

組み合わせ	三元牌でアタマと2組のコーツ（カンツ）をつくる
アタマの形	三元牌のどれか1つでつくる
食い制限	鳴いてもOK
待ち方	どんな待ちでもOK

第2章　役を覚えて高得点をゲットしよう！

1種類の数牌だけをズラッとそろえる
チンイツ
[清一色]

6翻 食い下がり5翻

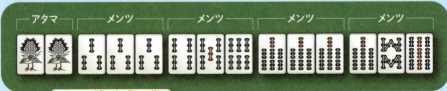

すべて同じ種類の牌

鳴いても満貫にはなるよ！

翻数がもっとも高い役

マンズ・ピンズ・ソーズのうち、どれか1種類の数牌だけでアタマとメンツのすべてをそろえるとチンイツになります。メンゼンなら6翻、鳴いても5翻です。

役をつくるポイント

組み合わせ	アタマと4組のメンツをすべて同じ種類の数牌でそろえる
アタマの形	4メンツと同じ種類の数牌
食い制限	鳴いたら1翻下がる
待ち方	どんな待ちでもOK

暗コーを4つそろえる
スーアンコー
[四暗刻]

役満 **メンゼンのみ**

レア度 **SS**

アタマはなんでもOK!
暗コーは暗カンでもOK!

役満のなかではつくりやすい

　4つの暗コーをメンゼンでそろえると、スーアンコーという役満になります。役満のなかでは比較的つくりやすい役といえるでしょう。ただし、シャンポン待ちでロンアガリすると、トイトイ・サンアンコーとみなされて2翻+2翻になります。

役をつくるポイント

組み合わせ	アタマと4組の暗コーをそろえる（暗カンでもOK）
アタマの形	なんでもOK
食い制限	メンゼンのみ
待ち方	タンキ待ち、シャンポン待ちのいずれか

ダイサンゲン
[大三元]

白・發・中のコーツを3組そろえる

役満 ／ 食い制限なし

レア度 **SS**

- アタマはなんでもOK!
- 3組のコーツを三元牌でつくる

狙いやすい役満だがバレやすい

白・發・中の三元牌をすべてコーツ（またはカンツ）でそろえた役です。ツモっても鳴いてもOKなので、役満のなかでは比較的つくりやすいのですが、鳴くとこちらの狙いが読まれてしまうかもしれません。

役をつくるポイント

組み合わせ	3種の三元牌（白・發・中）でコーツ（カンツ）をそろえる
アタマの形	なんでもOK
食い制限	鳴いてもOK
待ち方	どんな待ちでもOK

風牌（東南西北）の4種類をすべて使う
スーシーホー
[四喜和]

役満 **食い制限なし**

レア度 **SS**

ダイスーシー [大四喜]

アタマ ─ 風牌のコーツ ─ 風牌のコーツ ─ 風牌のコーツ ─ 風牌のコーツ

六萬 六萬 | 東 東 東 | 南 南 南 | 西 西 西 | 北 北 北

コーツ（カンツ）は4種類の風牌

ショウスーシー [小四喜]

風牌のアタマ ─ 風牌のコーツ ─ 風牌のコーツ ─ 風牌のコーツ ─ メンツ

東 東 | 南 南 南 | 西 西 西 | 北 北 北 | 🀐 🀐 🀐

アタマと3つのコーツ（カンツ）を風牌でそろえる　　ほかのメンツはなんでもOK！

役をつくるポイント

組み合わせ	風牌をすべてコーツ（カンツ）でそろえるとダイスーシー。アタマと3つのコーツ（カンツ）を風牌でそろえるとショウスーシー
アタマの形	ダイスーシーはなんでもOK ショウスーシーは風牌のいずれか1種類
食い制限	ダイスーシー、ショウスーシーともに鳴いてもOK
待ち方	ダイスーシーはタンキ待ちかシャンポン待ち ショウスーシーはどんな待ちでもOK

第2章 役を覚えて高得点をゲットしよう！

85

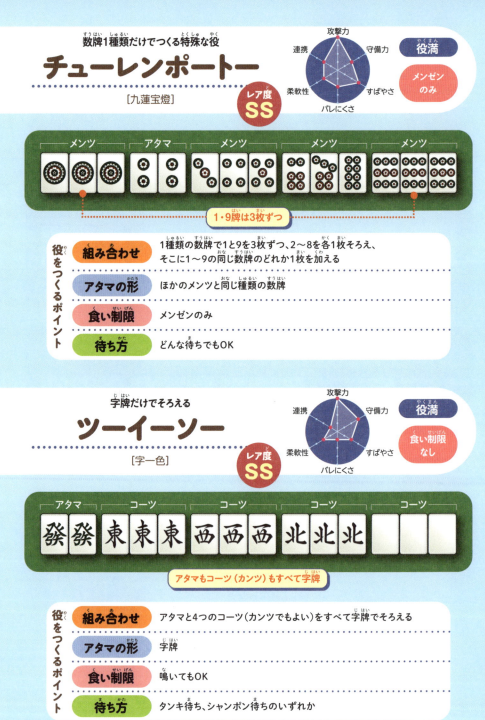

全種類の字牌と1・9牌を集める
コクシムソウ
[国士無双]

レア度 **SS**

役満 / メンゼンのみ

アタマ（いずれかの牌の対子）

そろえた1・9牌と字牌のなかのどれかが2枚になれば、それがアタマになるよ

すべての1・9牌と字牌が1枚ずつ

役をつくるポイント

組み合わせ	字牌と1・9牌を1枚ずつ集め、そのうちのどれかをトイツにする
アタマの形	字牌か1・9牌
食い制限	メンゼンのみ
待ち方	1面待ちまたは13面待ち

全部の牌が緑一色
リューイーソー
[緑一色]

レア度 **SS**

役満 / 食い制限なし

アタマ　メンツ　メンツ　メンツ　メンツ

發とソーズの2・3・4・6・8だけでつくる

役をつくるポイント

組み合わせ	發、ソーズの2・3・4・6・8という緑色をした牌だけでアタマとメンツをそろえる
アタマの形	發、ソーズの2・3・4・6・8のどれか1種
食い制限	鳴いてもOK
待ち方	カンチャン待ち、リャンメン待ち、シャンポン待ち、タンキ待ちのいずれか

第2章 役を覚えて高得点をゲットしよう！

1・9牌だけでつくる役

チンロートー
[清老頭]

レア度 **SS**

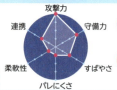

役満

食い制限 なし

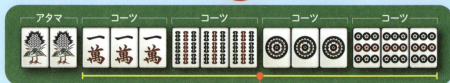

| アタマ | コーツ | コーツ | コーツ | コーツ |

1〜9牌のみでつくるから、メンツはかならずコーツ（カンツ）になるよ

役をつくるポイント

組み合わせ	アタマとメンツをすべて1・9牌でつくる
アタマの形	1・9牌のいずれか1種類
食い制限	鳴いてもOK
待ち方	タンキ待ち、シャンポン待ちのいずれか

最高に難しい!? 4つのカンをそろえる

スーカンツ
[四槓子]

レア度 **SSS**

役満

食い制限 なし

| アタマ | カンツ | カンツ | カンツ | カンツ |

カンツは暗カンでも明カンでもOK!

役をつくるポイント

組み合わせ	メンツに4組のカンツをそろえる
アタマの形	なんでもOK
食い制限	鳴いてもOK
待ち方	タンキ待ち

88

奇跡に近い？ 親が配牌でそのままアガリ！
テンホー
[天和]

レア度 **SSS**

役満 / メンゼンのみ

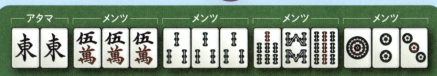

配牌の時点ですでにアガっている（ただし親にかぎる）

役をつくるポイント

組み合わせ	親のときに配牌の14枚で、捨てる牌が1枚もないアガれる状態。ほかに役がなくてもOK
アタマの形	なんでもOK
食い制限	メンゼンのみ
待ち方	配牌でアガれる形になっていることが条件なので、待ちはなし

子が最初のツモでアガる
チーホー
[地和]

レア度 **SSS**

役満 / メンゼンのみ

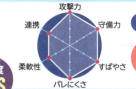

自分がツモる前にほかの人が鳴いたら、チーホーにならないよ

役をつくるポイント

組み合わせ	子が、配牌された13枚でテンパイしていて、最初にツモった牌でアガれることが条件。ほかに役がなくてもOK。ただし、ツモる前にほかの人が鳴いたら成立しない
アタマの形	なんでもOK
食い制限	メンゼンのみ
待ち方	カンチャン待ち、リャンメン待ち、シャンポン待ち、タンキ待ちのいずれか

第2章 役を覚えて高得点をゲットしよう！

点数計算のやり方

麻雀は自分で点数を計算できるようになると、勝負の流れを考えることができます。
慣れれば難しくないので、ぜひ点数計算のやり方を覚えましょう。

点数計算のしくみ

麻雀の点数は、「翻」と「符」をもとに計算します。符とは、アガった手牌につく点数。翻は、役やドラの単位のことです。計算の手順は、下の通りです。

1	アガリの翻数を数える	アガった手牌にある役の翻数を数えます
2	アガリの符を計算する	符とは、アガった手牌につく点数のことです。アガリ方でいくつかの種類に分けられています
3	翻数と符をもとに点数を求める	❶と❷をもとに、実際の点数を求めます。符と翻数をもとに考えます
4	点棒の支払い	点数が計算できたら、ほかのプレイヤーはアガったプレイヤーへ支払う点数分の「点棒」をわたします

翻の数え方

翻数には、「アガリ役の翻数」「ドラの翻数」「場ゾロの2翻」の3種類があり、最終的な翻数は、これらの合計となります。「アガリ役の翻数」は、P54~89で解説した役ごとに決まっている翻数。「ドラの翻数」は、アガったときにドラが1枚含まれていたら1翻、2枚なら2翻を加算します。「場ゾロの2翻」とは、アガったときに無条件で加算される2翻ですが、本書では割愛します。

アガリ役の翻数	＋	手のうちにあるドラの翻数	＝	翻数の合計

符を数える6つのポイント

アガった手牌につく点数を符といい、アガるだけでつく点数のほかに、ロンアガリやツモアガリなどの条件によって変わる点数もあります。手順にそって計算すればかんたんに求められます。

副底（フーテイ）	アガったときに必ずつく点。どんな手であっても20符です	20符
メンゼンでロンアガリ	メンゼン（ポン、チー、カンをしない）でロンアガリしたときにつく点です	10符
ツモアガリ	ツモアガリしたときにつく点です。鳴いてもOK。ただし、ピンフでアガったときはつきません	2符
アタマの組み合わせ	アタマの種類によっても、符の数が変わります	0または2符
メンツの組み合わせ	アタマ以外のメンツがどのような形になっているかでも、符の数が変わります	0～32符
待ちの形	テンパイしてアガリ牌を待つときの形によっても符の数は変わります	0または2符

「アタマの組み合わせ」「メンツの組み合わせ」「待ちの形」については、それぞれの形ごとに符数が細かく決められているよ。くわしくは次のページから確認しよう！

アタマの組み合わせ

種類	組み合わせ例			符
数牌	二萬 二萬	🀟 🀟	🀐 🀐	0
三元牌	⬜ ⬜	發 發	中 中	2
場風牌または自風牌	東 東	南 南 ※東場の南家のとき		2
場風牌＋自風牌	東 東 ※東場の東家のとき			2
	南 南 ※東場の南家のとき			
ほかの風牌（オタ風）	南 南	西 西 ※東場の北家のとき		0

メンツの組み合わせ

種類	組み合わせ例		符
シュンツ	一萬 二萬 三萬	🀐 🀑 🀒	0
2〜8のポン	七萬 七萬 七萬	🀞 🀞 🀞	2
2〜8の暗コー	🀟 🀟 🀟	🀓 🀓 🀓	4
1・9、字牌のポン	發 發 發	九萬 九萬 九萬	4
1・9、字牌の暗コー	南 南 南	🀙 🀙 🀙	8
2〜8の明カン	🀟 🀟 🀟 🀟	🀐 🀐 🀐 🀐	8
2〜8の暗カン	🂠 四萬 四萬 🂠	🂠 🀟 🀟 🂠	16
1・9、字牌の明カン	⬜ ⬜ ⬜ ⬜	🀡 🀡 🀡 🀡	16
1・9、字牌の暗カン	🂠 東 東 🂠	🂠 🀀 🀀 🂠	32

待ちの形

待ちの種類	組み合わせ例	符
リャンメン待ち	🀇🀇 二萬 三萬	0
シャンポン待ち	🀙🀙 發 發	0
タンキ待ち	西	2
カンチャン待ち	🀙🀙 三萬 伍萬	2
ペンチャン待ち	一索 二索 🀙🀙	2

積み棒の計算

　積み棒とは、親の連荘や流局が何回続いているかを示すため、卓上に出しておく100点棒のこと。連荘や流局で親が続くとき、親は点棒を1本ずつ出します。

　このようにして出された積み棒は、その局にアガった人の点として、積み棒1本につき300点加算されます。ロンアガリの場合は、振り込んだ（ロンされた）人が「積み棒×300点」の1人払い。ツモアガリの場合は、ほかの3人が「積み棒×100点」ずつ支払います。

ツモアガリの支払いは、親も子も負担するのが決まり。子がアガると、次の局はまた積み棒なしからはじまるよ！

例外① チートイツ

麻雀の点数はアタマとメンツの組み合わせをもとに計算するのが基本ですが、一部に例外があります。そのひとつが、**アタマとメンツという形をとらない**チートイツです。25符を基本点に、親と子それぞれで翻数ごとの点数が、下表のように決められています。

ツモの点数は　子が支払う点数／親が支払う点数

翻数		親でアガったとき	子でアガったとき
2翻	ツモ	—	—
	ロン	2,400	1,600
3翻	ツモ	各1,600	800／1,600
	ロン	4,800	3,200
4翻	ツモ	各3,200	1,600／3,200
	ロン	9,600	6,400
5翻	ツモ	各4,000（満貫）	2,000／4,000（満貫）
	ロン	12,000（満貫）	8,000（満貫）

満貫以下の場合、親の2,400点、子の1,600点から翻数が増すごとに倍にしていけば簡単に計算できるよ。

例外② ピンフ

ピンフのツモアガリは20符、ロンアガリは30符と決まっています。そのため、符の計算をする必要がありません。麻雀の最少符となる20符でアガれるのはピンフツモのみ。ツモアガリのときだけは特殊な計算になる例として、そのまま覚えてしまいましょう。

ツモの点数は 子が支払う点数／親が支払う点数

翻数		親でアガったとき	子でアガったとき
1翻	ツモ	—	—
	ロン	1,500	1,000
2翻	ツモ	各700	400／700
	ロン	2,900	2,000
3翻	ツモ	各1,300	700／1,300
	ロン	5,800	3,900
4翻	ツモ	各2,600	1,300／2,600
	ロン	11,600	7,700
5翻	ツモ	各4,000（満貫）	2,000／4,000（満貫）
	ロン	12,000（満貫）	8,000（満貫）

ピンフは鳴くとアガれないから、必ずメンゼンツモがセットになるよ！だから1翻のツモアガリはないんだね！

満貫以上の得点計算

　基本ルール通り、点数を加算していくやり方で計算すると、得点が大きくなりすぎてしまい、ほかの人が逆転できなくなる可能性があります。しかし、それではゲームとしておもしろくありません。そこで、麻雀では、得点の上限をもうけています。この上限は、決められた翻数ごとに下の表のような名前がついています。「満貫」以上の得点であれば、符計算も必要ありません。

役名	翻数	得点
満貫	4〜5	親 12,000 子 8,000
跳満	6〜7	親 18,000 子 12,000
倍満	8〜10	親 24,000 子 16,000
3倍満	11〜12	親 36,000 子 24,000
役満	役満の役 (13〜)	親 48,000 子 32,000

点差がつきすぎないようにするためのルールだけれど、役満ともなると親は48,000点、子は32,000点だから、逆転は難しいかも!?

得点計算の例

ここまでに紹介した点数計算のやり方をもとに、点数計算早見表（P156）を見ながら、以下の例題の得点を計算してみましょう。

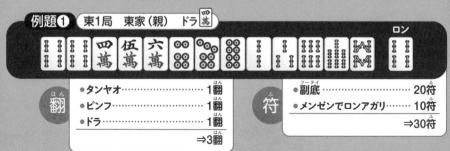

親の点数計算早見表で3翻と30符が交わるところのロンの点数を確認

こたえ **5,800点**

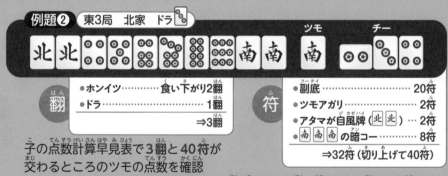

子の点数計算早見表で3翻と40符が交わるところのツモの点数を確認

こたえ **5,200点（子は1,300点／親は2,600点ずつ支払い）**

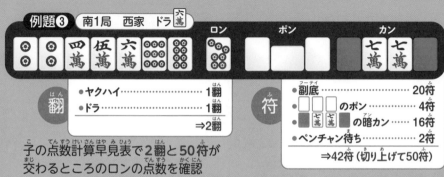

子の点数計算早見表で2翻と50符が交わるところのロンの点数を確認

こたえ **3,200点**

COLUMN

さまざまな「ローカル役」

麻雀はトランプと同じで、仲間内だけで通じる「ローカルルール」がたくさんあります。

最近は関東でも多く見られるようになりましたが、昔は関西では「3人麻雀」が主流で、「4人で卓を囲んで、北(西)家は休み」といったルールで麻雀を楽しんでおり、今でもそのようにやっている地域はあります。

役にもローカルルールがあり、一部の地域で採用しているマイナーな役を「ローカル役」と呼びます。そのうちのいくつかを紹介します。友だちと試してみて、おもしろかったらぜひこのルールで遊んでみてください。

【オープンリーチ】

待ちになっている部分（ルールによっては手牌ぜんぶ）を全員に見せながらリーチします。通常のリーチよりも1翻多い2翻の役になりますが、そこへ他家の人がリーチのとき以外で振り込んだときは役満の点数を支払います。フリテンでロンアガリできないことがわかっているときなどでよく見られます。

【流し満貫】

捨て牌のすべてが1・9・字牌（幺九牌）で、それが誰からもポンもチーもされていないとき、誰もアガらず終局すると和了（アガリ）となります。得点は満貫であることが多いですが、跳満になることもあります。親でこれをアガったときは、和了扱いで連荘になることが多いですが、和了ではなくボーナス扱い、手牌がテンパイしていなければ流局になるなど、さらなるローカルルールがあります。

【シーサンプータ】
十三不塔

レアな役ですが、このルールを使っている地域は多いです。親は配牌、子は1回目のツモのときに、手牌が1組のトイツ以外すべてバラバラな状態（トイツ、暗コーなどがない）のことです。満貫（4翻）になることが多いです。アガるのが非常に難しそうな手牌でも、この役を知っていれば神様からの贈り物に変わるかもしれません。

【レンホー】
人和

配牌でテンパイしていて、一回もツモらずに誰かの捨て牌でロンアガリする役です。満貫扱いが多いですが、役満扱いとなるルールもあります。

第3章

[基礎編]
強い「待ちの形」を覚えよう！

基本的なルールや役を覚えたら、ここからは一緒に問題を解いて
上達のためのコツを見ていきましょう。
まずは「待ち」を覚えてアガるチャンスを広げましょう。

待ちの形がわかると強い！

覚えておきたい
10コの頻出「待ち」!

代表的な「待ちの形」を覚えよう

「待ち」とは、テンパイ (P44) したときのアガリ牌の待ち方です。待ちは複数つくることができれば、それだけアガる可能性が高くなります。ここでは、覚えておくと有利に局を進めやすい待ちを紹介します。問題を解きながら、代表的な待ちを覚えましょう。

●次の手牌は何の牌待ちか考えてみましょう。

問題❶

二萬 三萬 四萬 伍萬 ④筒 ④筒 ④筒 一索 一索 一索 ||||索 中

問題❷

二萬 三萬 四萬 伍萬 六萬 七萬 八萬 一索 一索 一索 ||||索 中

問題❸

二萬 三萬 四萬 伍萬 六萬 七萬 八萬 九萬 一索 一索 ||||索 中

問題❹

二萬 三萬 四萬 伍萬 六萬 七萬 一索 一索 一索 一索 ||||索 中

問題⑤

三萬 四萬 伍萬 一筒 一筒 一筒 一筒 一筒 一筒 一筒 西 中 中

問題⑥

四萬 伍萬 六萬 三筒 三筒 伍筒 伍筒 伍筒 七筒 七筒 一索 一索 一索 一索

問題⑦

二萬 三萬 四萬 二筒 二筒 二筒 四筒 四筒 伍筒 伍筒 一索 一索 一索 一索

問題⑧

四萬 伍萬 六萬 二筒 二筒 三筒 三筒 四筒 四筒 伍筒 一索 一索 一索 一索

問題⑨

四萬 伍萬 六萬 二筒 二筒 三筒 三筒 伍筒 六筒 七筒 一索 一索 一索 一索

問題⑩

四萬 伍萬 六萬 二筒 二筒 三筒 四筒 伍筒 六筒 七筒 一索 一索 一索 一索

第3章 ［基礎編］強い「待ちの形」を覚えよう！

次のページからこたえと考え方を見ていこう！

前ページのこたえと考え方

問題①　こたえ　二萬　伍萬　　　**必勝待ち❶　ノベタン待ち**

「ノベタン」とはタンキ待ちが「のびた」形（2つのタンキ待ち）という意味。連続した4つの数牌(4連形)と3つのメンツの組み合わせで、アタマ待ちが2つある状態になっているのが特徴です。

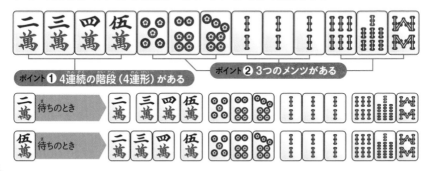

問題②　こたえ　二萬　伍萬　八萬　　　**必勝待ち❷　ノベノベタン待ち**

ノベタンの進化形です。数牌の連続が7つになると、タンキ待ちがさらに3つに増えます。下の図のように2～8の連続したマンズはいろいろな分け方で考えることができ、さらにアガりやすくなります。

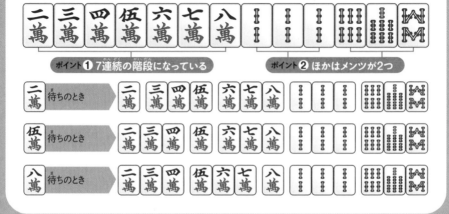

問題❸ こたえ 一萬 四萬 七萬　　必勝待ち❸ ピアノ待ち

アタマと2つのメンツ、そして数牌が5つ連続している形です。リャンメン待ちが2つありますが真ん中が一緒なので、待ちはぜんぶで3種です。牌がピアノの鍵盤のように並ぶのが名前の由来です。

問題❹ こたえ　　必勝待ち❹ チョウチンアンコー待ち

数牌の暗コーに、連続する数牌がもう1つくっついている形です。③を、暗コーとすれば3のタンキ待ち、アタマとすればリャンメン待ちとなります。タンキ待ち＋リャンメン待ちで3面待ちです。

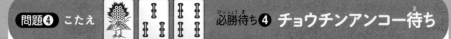

第3章　[基礎編] 強い「待ちの形」を覚えよう！

問題❺ こたえ

必勝待ち❺ 変則3面待ち

ソーズと中に注目してください。ソーズを、暗コーと見ればソーズのリャンメン待ち、アタマと見ればトイツの中とのシャンポン待ちです。相手から読まれにくいのでアガりやすい形です。

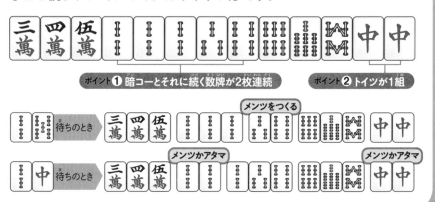

問題❻ こたえ

必勝待ち❻ ドラヤキ待ち

3面待ちの一種です。トイツの間に連続する数字の暗コー（アンコ）がはさまっているので「ドラヤキ」と呼ばれています。下図のように3種（最大5枚）の待ち牌があります。

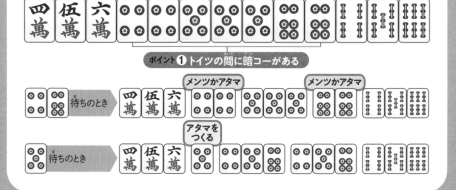

問題7 こたえ  必勝待ち❼ ノベタンカンチャン待ち

ノベタンに、同じ種類の数牌の1つ飛ばしの数の暗コーが加わった形です。のうち、2つをアタマと見るとカンチャン待ちになります。暗コーは近くに連続した牌がある場合、アタマにもなります。

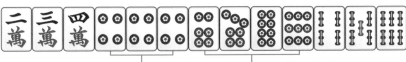

問題8 こたえ  必勝待ち❽ ピアノベタン待ち

ピンズを見てみると4連形が暗コーとピッタリくっついています。を暗コーとして見ればノベタン待ち、アタマとして見ればピアノ待ちになるので、ノベタン＋ピアノ＝「ピアノベタン」と呼びます。

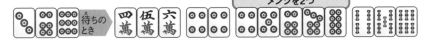

問題❾ こたえ / 必勝待ち❾ サンドイッチ待ち

と の暗コーに が1つはさまれた形をパンと具に見立て、「サンドイッチ待ち」と呼びます。この形では「サンドイッチをつくっている牌と、その両どなりが待ち」と覚えておきましょう。

問題❿ こたえ / 必勝待ち❿ オープンサンド待ち

「サンドイッチ待ち」と形が似ていますが、具 がはみ出しています。このような形では「サンドイッチをつくっている牌と、はみ出た具の1つとなりまでが待ち」と覚えておきましょう。

確認問題

ここまでに紹介してきた知識を使い、次の手牌が何待ちか考えてみましょう。

問題①
伍萬 六萬 七萬 ③ ③ ④ ④ ⑤ ⑤ 8筒 8筒 8筒 | 3索 3索 3索

問題②
一萬 二萬 三萬 四萬 伍萬 六萬 七萬 七萬 八萬 九萬 發 發 發

問題③
三萬 四萬 伍萬 ② ② ③ ③ ④ ④ 5筒 5筒 | 2索 2索 2索

問題④
一萬 一萬 一萬 伍萬 六萬 七萬 ③ ③ ④ ④ ⑤ ⑤ 西 西 西

問題⑤
一萬 二萬 三萬 ① ① ② ③ 中 3索 4索 5索 西 西

問題⑥
二萬 二萬 二萬 三萬 四萬 ⑤ ⑤ ⑥ ⑥ 7索 7索 8索 8索 □

問題⑦
1索 1索 1索 2索 2索 3索 3索 4索 5索 西 6索 北 北 北

こたえは次のページから

●前ページのこたえと考え方

問題❶ こたえ

ノベタン待ちの形です。また、🎲が来ればサンショクドウジュンも狙えます。

問題❷ こたえ

一萬 四萬 七萬

ノベノベタン待ちの形です。この待ち牌がすぐにわかるようになったら上級者です。

問題❸ こたえ

ピアノ待ちの形です。🎲が来ればピンフに加えてサンショクドウジュンにもなります。

問題❹ こたえ

チョウチンアンコー待ちの形です。🎲が来ればサンアンコーの役がつきます。

問題❺ こたえ

チョウチンアンコー待ちに近いですが、数字が1つ離れています。このとき待ち牌は2つになります。

問題❻ こたえ

二萬 伍萬 □

変則3面待ちの形です。二萬伍萬でロンをすれば二萬が暗コーなので今回もサンアンコーです。

問題❼ こたえ

ドラヤキ待ちの形です。真ん中でアガるときにはイーペーコーが必ずつくのを忘れずに。

問題⑧ 三萬 四萬 伍萬 ③ ③ ③ ④ ⑤ ⑥ ⑦ ⑦ ⑧ ｜｜ ｜｜｜ ｜｜｜

問題⑨ 三萬 四萬 伍萬 ③ ④ ⑤ ⑥ ⑦ ⑦ ⑧ ｜｜ ｜｜｜ ｜｜｜

問題⑩ 三萬 四萬 伍萬 ③ ④ ⑤ ⑥ ⑦ ⑦ ｜｜ ｜｜｜ ｜｜｜

問題⑪ 二萬 二萬 二萬 ① ① ① ⑤ ⑥ ⑦ ｜｜ ｜｜｜ ｜｜｜

問題⑫ 九萬 九萬 九萬 ｜｜ ｜｜ ｜｜｜ ｜｜｜ ｜｜｜ ｜｜｜ 發 發 發

問題⑬ 二萬 二萬 二萬 三萬 三萬 三萬 四萬 七萬 八萬 九萬 東 東 東

問題⑭ ① ① ① ② ③ ④ ⑤ ⑥ ⑦ ⑧ ⑧ ⑧

こたえは次のページから

前ページのこたえと考え方

問題❽ こたえ
ノベタンカンチャン待ちの形です。アンコーと1つ飛ばしの牌があればこの待ちをつくるチャンスです。

問題❾ こたえ
ノベタンカンチャン待ちに近い形です。暗コーのとなりの数字から4連続の形もよくあります。

問題❿ こたえ
ノベタンカンチャン待ちに近い形である「暗コー＋4枚」のこの形もよく見る形です。

問題⓫ こたえ
ピアノベタン待ちの形です。🀐をアタマとしてみるとピアノ待ち、暗コーとしてみるとノベタン待ちです。

問題⓬ こたえ
サンドイッチ待ちの形です。「暗コーのとなりから暗コーのとなりまで」で覚えておきましょう。

問題⓭ こたえ
オープンサンド待ちの形です。暗コーが2個になるととても複雑ですが、覚えておけばかんたんです。

問題⓮ こたえ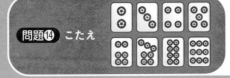
最後は8面待ちの問題でした。5面待ちが2つありますが被っているため、待ちは8つです。

第4章

［実践編］
勝ちに近づく選択をしよう！

麻雀ではベネフィット（＝得、期待）から
リスク（＝損、危険）を差し引いたぶんが大きいほうが、
最終的に勝ちます。この章では問題を解きながら、
この2つを比べる考え方を練習しましょう。

ベネフィットを大きくして勝つ！

ベネフィットの大きな牌はどれ？

どの牌を切っても「受け入れ（無駄にならない牌）」が減るリスクはあります。そのリスクを支払って、どんなベネフィットが手に入るか考えてみましょう。

リスクとベネフィットをそれぞれ考えよう！

次の手牌のなかで、あなたが切ったほうがいいと思う牌をⒶ・Ⓑから選んでみましょう。

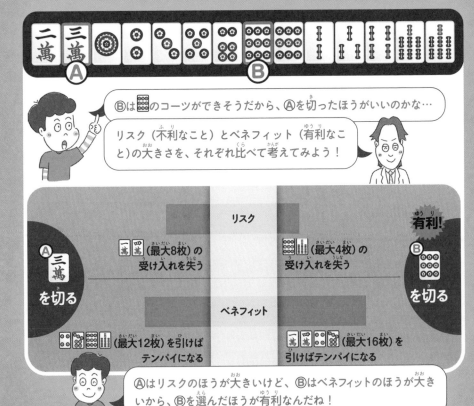

●次の問題にある選択肢Ⓐ・Ⓑから、切ると牌効率がよいほうを選びましょう。

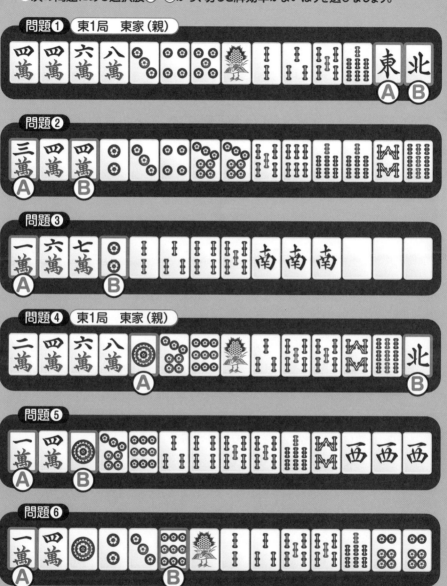

こたえは次のページから

前ページのこたえと考え方

問題❶ こたえ Ⓑ 北

まずは字牌、特にオタ風(役にならない風)から切るのが基本。また、自分の風牌のメンツはヤクハイという役になります。この問題では、自分が親、つまり東場なので東を残すほうが圧倒的に有利です。

問題❷ こたえ Ⓑ 四萬

有利に進めるためにはリャンメン待ちをつくることが基本です。リャンメン待ちは最大8枚が待ち牌になるので、コーツをつくるよりもリャンメン待ちをつくることを考えておきましょう。

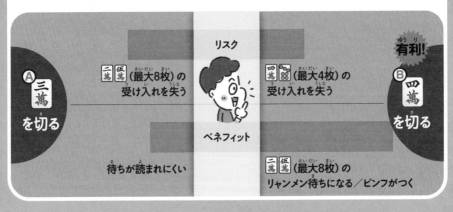

問題❸ こたえ Ⓐ 一萬

1と9の牌（端牌）は、リャンメン待ちがつくれない牌です。リャンメン待ちができないぶん、チャンスも減ってしまうので、まずは端牌から切り、真ん中の数字ほど大事にしましょう。

問題❹ こたえ Ⓑ 北

端牌とオタ風で得られるベネフィットを考えます。端牌はリャンメン待ちができませんがシュンツはつくれます。オタ風はもう2枚同じ牌がないとメンツができないため、オタ風よりは端牌を残します。

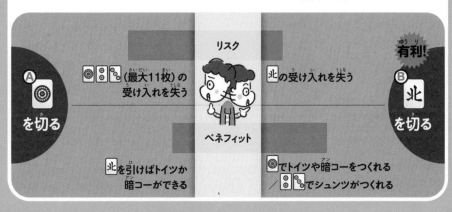

問題⑤ こたえ A 一萬 四萬 ⑤ ⑧ 二索 四索 六索 七索 八索 西 西 西

端牌から切ることは基本ですが、ほかに何の牌があるかによっても価値が変わります。4ともっとも仲が悪いのは1です。2や3がきても4とメンツをつくり、1をもっておく必要がないためです。

問題⑥ こたえ B ⑧⑧ 一萬 四萬 ⑤ ⑧ 三索 四索 五索 六索 七索 八索 ⑨⑨

これも1と4の組み合わせがありますが、ここでは⑤⑧と三索四索があるので、二萬三萬が引ければサンショクドウジュンが狙えるため一萬を残します。

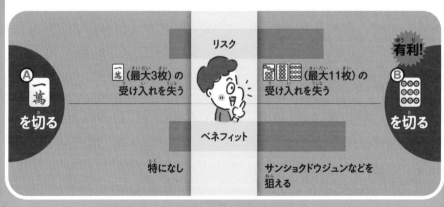

●次の問題にある選択肢Ⓐ・Ⓑから、切ると牌効率がよいほうを選びましょう。

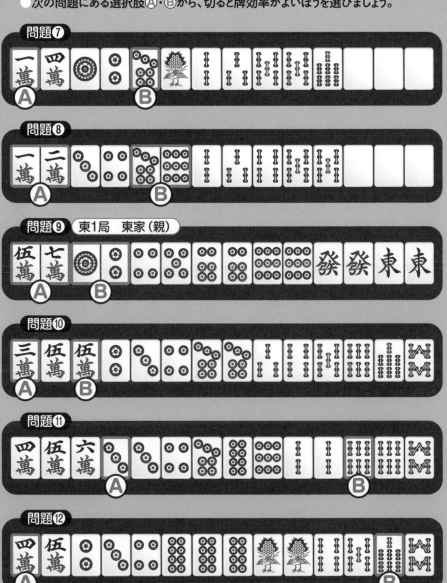

こたえは次のページから

これもサンショクドウジュンが狙えそうですががありません。9枚でつくる役（イッキツウカンなど）は、7枚そろってから狙うのが定石。また3や7はとても強い牌なのでもっておきましょう。

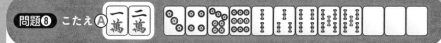

ペンチャン待ち（一萬二萬）とカンチャン待ち（🀝🀝）のどちらにするかという問題ですが、一手（この場合🀝）でリャンメン待ちにできるのでカンチャン待ちのほうが強いです。

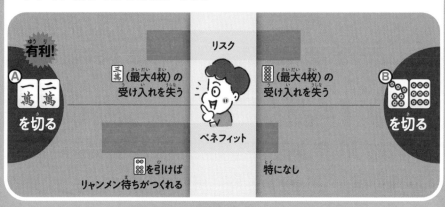

字牌と1種類の数牌でつくるホンイツは、鳴いても2役の強力な手です。リスクが大きくても、それ以上のベネフィットがあるので、ホンイツは、狙えそうであればどんどん狙いましょう。

待ち牌を変えることができるという点で、カンチャン待ちよりもシャンポン待ちのほうが強いです。ただし、リーチをしたときは待ち牌を変えることができないため、ⒶもⒷも牌効率は同じです。

問題⑪ こたえ A

🀁を切るとソーズは🀄待ちのみとなってしまい、ソーズでメンツをつくることが難しくなってしまいます。このソーズのように、早くメンツを完成させたい部分は待ち牌を多くしておくと有利になります。

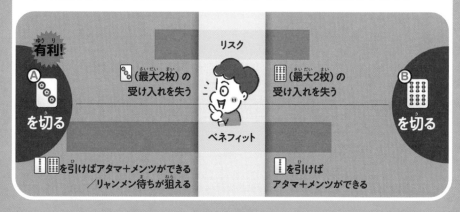

問題⑫ こたえ B

3つあるリャンメン待ちを1つなくさないといけない状況です。しかし、ソーズのリャンメン待ちは🀚🀛と🀜🀝で待ち牌が1つかぶるため、ソーズのどちらかのリャンメン待ちをなくします。

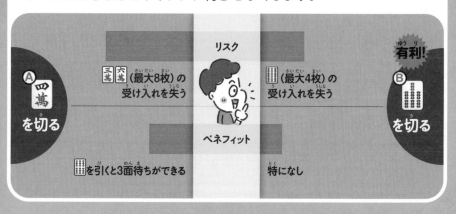

●次の問題にある選択肢Ⓐ・Ⓑから、切ると牌効率がよいほうを選びましょう。

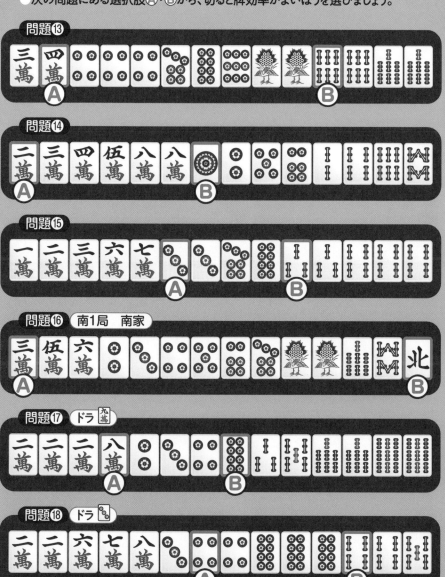

こたえは次のページから

問題⑬ こたえ Ⓑ

「リャンメン待ち（三萬四萬）＋トイツ（筒筒）＋リャンメントイツ（索索索）」を「完全一向聴」といい、リャンメン待ちが２つとシャンポン待ちがあるので待ち牌が多くなります。

問題⑭ こたえ Ⓑ

二萬三萬四萬伍萬のような４連形は、二萬三萬と四萬伍萬のように分ければ、リャンメン待ちが２つもつくれる優れた形です。そのため、この４連形を残します。

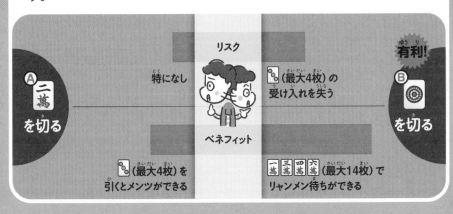

問題⑮ こたえ Ⓐ 一萬 二萬 三萬 六萬 七萬 [3p] [3p] [3p] [5p] [5s] [5s] [5s] [8s] [8s] [8s]

どちらを切ってもリスクがないときは、よりベネフィットが大きいほうに注目しましょう。「暗コーの近くを残す」と覚えておいてください。ここでは、[2p]と[4p]を引いて、[5p]を切れば、ピンフの形に変えられます。

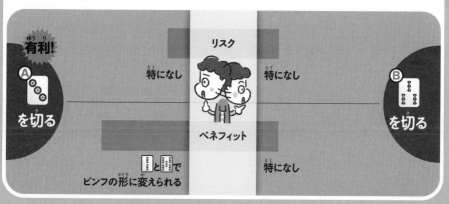

問題⑯ こたえ Ⓐ 三萬 伍萬 六萬 [3p] [3p] [5p] [5p] [5p] [7s] [7s] [8s] 北

三萬も北もいらない牌です。このとき、切ったときにどちらが「ロン」といわれないかを考えると、北はタンキ待ちとシャンポン待ちにしかならないために安牌なので、ピンチのときのために残しましょう。

問題⑰ こたえ B

ドラが手牌にあれば、その数だけ役がつきます。この問題では、八萬を先に切ってしまうと、ドラの九萬を引いたときに捨てなければならず、もったいない状況になります。

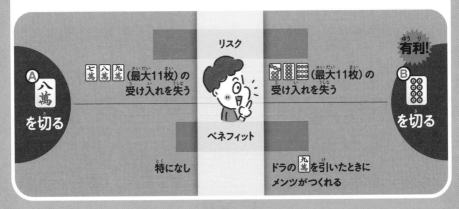

問題⑱ こたえ A

どちらを切っても、手が進まない牌の数は同じです。このようなときは、ドラを捨てることになるリスクを減らしましょう。この問題では、早めに筒子でメンツをつくるために筒子を1枚捨てます。

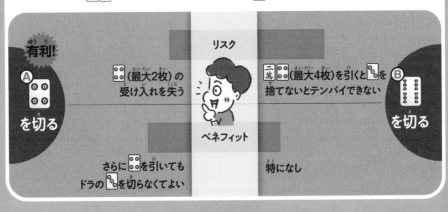

第5章

[応用編]
相手に勝つ戦略を考えよう!

麻雀は4人で対戦するゲームなので、
相手の動きなどによって状況は目まぐるしく変わります。
この章では、問題を解きながら、
状況を見たなかでの考え方を身につけましょう。

自分と相手の状況から判断する！

状況を見ながら戦おう！

麻雀は自分や相手の状況を考えて戦略を立てることが求められます。
ここでは状況を踏まえながら、牌を切る考え方を学んでいきましょう。

リスク・ベネフィットのバランスを使いこなそう！

親にリーチがかかり、自分の手牌には安牌（リーチした人の捨て牌と同じ牌）は三萬だけです。そのとき、次の手牌からどの牌を切りますか？

東1局　北家　ドラ 六萬

[二萬][二萬][三萬][三萬][四萬][七萬][五筒][五筒][六筒][八索][八索][西][白]

どの牌からも離れている七萬を切ったほうがいいのかな…

じゃあ七萬を切ったときのリスク（不利なこと）とベネフィット（有利なこと）を比べてみよう！

[ベネフィット]
● 受け入れがもっとも多くなる

[リスク]
● 親に振り込む可能性がある
● 振り込むと相手にイッパツがもう1役つく
● 振り込むと相手がドラをもっている可能性

七萬を切るベネフィットはあるけど、それよりもリスクのほうが大きいから七萬は切らないほうがいいね！このように比べる感覚を意識して、次のページから問題を解いてみればいいんだ！

問題❶

まだ点差が大きくついていない東2局です。あと1枚でテンパイという状態（一向聴）で、10巡目に親（東）からリーチがかかり、続いてあなたがツモった牌が一萬でした。この一萬を切りますか？ⒶとⒷから1つ選んでください。

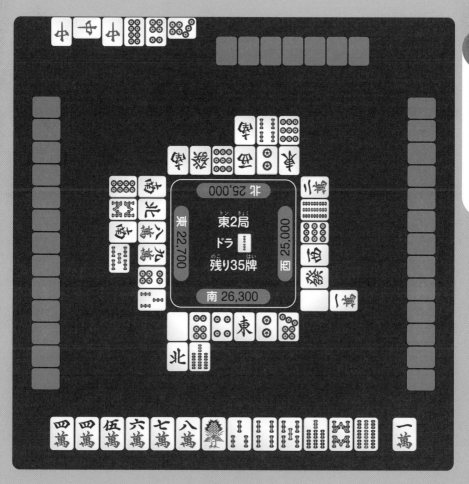

Ⓐ 一萬を切る
Ⓑ ほかの牌を切る

こたえは次のページ

問題①　こたえ B　相手のテンパイ VS 自分の一向聴

一向聴のままアガリを目指すかどうかの判断です。自分のアガる可能性がない状態で、テンパイだとわかっている相手と戦ってもリスクしかないため、アガリはあきらめ、安牌を切るほうが得です。

[ベネフィット]
●一向聴の状態を保てる

[リスク]
●相手がアガる可能性がある
●振り込むと相手にイッパツがもう1役つく

チャレンジ問題　どれを切る？

この場面ではどの牌を切るとよいか考えてみましょう。

こたえ

勝ち目がないときは、きっぱりとアガリをあきらめて安牌を切りましょう。🀝も🀄も🀅もリーチした人の安牌ですが、ほかの人に振り込む可能性があります。たった今捨てられた🀝よりも安全な牌はありません。

[ベネフィット]
●絶対に振り込むことがない

[リスク]
●テンパイまであと2手になる

問題❷

南場(後半戦)に入り、わずかな点数の差で最下位です。自分の手牌は、ドラが5個もある一向聴ですが、親(東)からリーチがかかりました。続いてあなたがツモった🀚を切りますか？ ⒶとⒷから1つ選んでください。

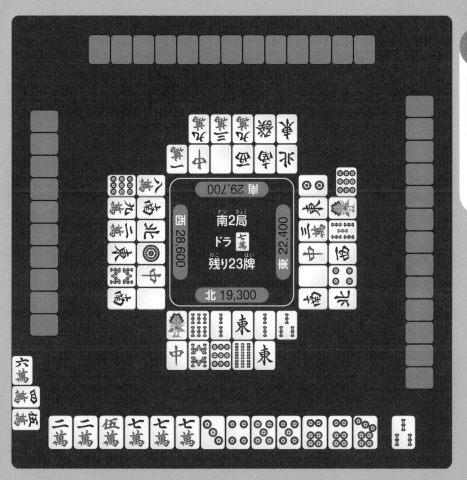

Ⓐ 🀚を切る
Ⓑ ほかの牌を切る

こたえは次のページ

問題❷ こたえⒶ　ドラが集まっているときは勝負

問題❶と同じく、自分の手牌は一向聴ですが、今回はドラという武器をもっています。ドラが5個もあるので、どんな形でアガっても跳満が確定しているほか、相手がドラをもっていない可能性が高くなるため、リスクを十分に上回るベネフィットがあります。ここで安牌のを切ってしまうとなかなかアガれなくなってしまいます。

[ベネフィット]
- 一向聴の状態を保てる
- アガればドラが5個で高得点
- 相手がドラをあまりもっていないことがわかっている

を切るとき

[リスク]
- 相手に振り込む可能性がある
- 振り込むと相手にイッパツがもう1役つく

テンパイしていない状況で危険牌を打つのは基本的にはNGだけど、自分の得点力が相手を上回るときは勝負しよう！

ここまでわかると すごい！

親の手牌があまり高くないときは、相手がおりてくれることを狙ってリーチすることがあります。親がテンパイで流局になれば連荘で親の狙い通りなので、振り込みを必要以上に警戒するのは禁物です。

問題❸

東1局ですべてのプレイヤーが牌をツモり終わりました。一番最後にあなたがツモった七萬を切りますか？ ⒶとⒷから1つ選んでください。

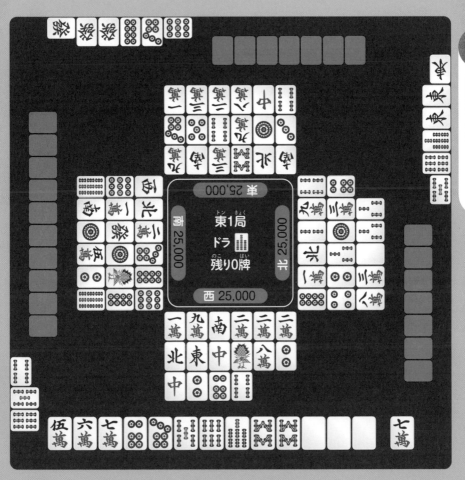

Ⓐ 七萬を切る

Ⓑ ほかの牌を切る

こたえは次のページ

問題❸ こたえ Ⓑ 全員のアガる可能性をゼロにする

ヤクハイ、ドラ1、サンショクドウジュンのテンパイですが、最後にをツモった時点でアガれないことが決まりました。テンパイのままでいるにはを切るべきですが、は誰も捨てておらず振り込む危険が大。自分のアガる可能性はゼロで、相手がアガる可能性があるときは、しっかりオリましょう。

[ベネフィット]
- テンパイの状態を保てる
- ノーテン罰符がもらえる可能性がある（最大+3,000点）

を切るとき

[リスク]
- 振り込んだとき相手にハイテイがもう1役つく
- 全員にアガるチャンスが生まれる

チャレンジ問題　どれを切る？

この場面ではどの牌を切るとよいか考えてみましょう。

を切らないのであれば、相手全員に対して安全な牌を探します。下家が□を1枚切っているので、コクシムソウじゃないかぎり100%安全です。全員コクシムソウの可能性はないので、ここは□を切ります。

[ベネフィット]
- 相手に振り込まず失点しない
- 全員にアガるチャンスをあたえない

を切るとき

[リスク]
- ノーテン罰符を支払う可能性がある

問題 ❹

自分が親としてむかえるラス前(最終局の1つ前の局)。得点では最下位になっています。自分がアガるチャンスがないまま、一番最後にあなたがツモった危険牌のを切りますか？ Ⓐ と Ⓑ から1つ選んでください。

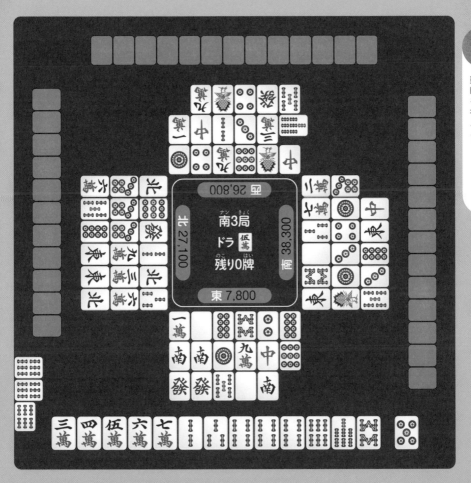

Ⓐ を切る

Ⓑ ほかの牌を切る

こたえは次のページ

問題❹ こたえ A 親になれば逆転のチャンスあり

今回は圧倒的に最下位のなか、自分が最後に親になる番です。自分の親が終わると、残すのは1局のみで、ほぼ最下位が確定してしまいます。親のときはノーテン罰符に加え、「テンパイして流局すれば連続して親になる」というベネフィットがつくので、積極的にテンパイやアガリを狙います。

を切るとき

[ベネフィット]
- ノーテン罰符がもらえる可能性がある
- もう一度、親になれる

[リスク]
- 相手に振り込む可能性がある
- 振り込むと相手にハイテイがもう1役つく

「手牌の翻数が満貫でツモアガリ」が1度に逆転できる目安！ 南4局に満貫で逆転できる点差ならここでは無理せず安牌を切ろう！

ここまでわかると すごい！

このとき、もっとも危ないのはリーチした相手ではなく、リーチ後にドラ周りの危険牌を連打している上家です。ドラを使ったメンツができたため、ドラ周辺の危険牌がいらなくなり、かつ、振り込むリスクを上回るベネフィットがあることが予想できます。

問題⑤

南場で、得点は全員がほぼ同じくらいという状況です。牌山には残り43牌というところで上家が三萬を捨てました。チーすればテンパイです。このとき、どうしますか？　ⒶとⒷから1つ選んでください。

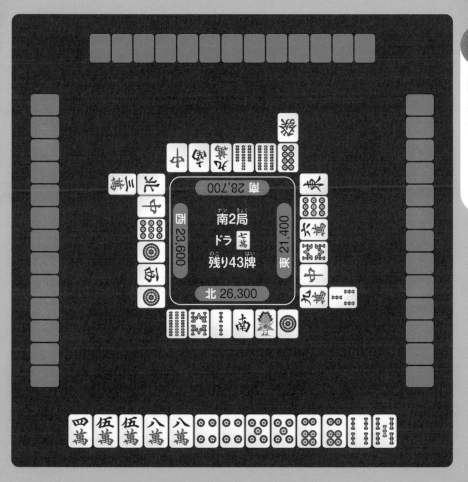

Ⓐ　チーしてテンパイにする
Ⓑ　チーせず一向聴のままにする

こたえは次のページ

問題❺ こたえⒷ チーすると得点が圧倒的に落ちる

鳴くよりもツモってアタマやメンツをつくるほうが、得点が高くなる傾向があります。また、鳴くとリーチもできません。チーした場合、何を失って何を得ることができるのか、しっかりと比べましょう。

チーするとき

[ベネフィット]
- テンパイして早くアガることが期待できる（最大+1,000点）

[リスク]
- リーチができなくなる
- イーペーコーやサンショクドウジュンができなくなる
- 相手に自分の手がバレる

メンゼンでそろえればリーチ、ピンフ、タンヤオ、イーペーコーの満貫が確定して、うまくいけばサンショクドウジュンもついて跳満、イッパツで倍満の可能性も！

ここまでわかると すごい！

鳴かない場合でも危険牌の伍鳥をもち続けていると、そろそろ誰かに振り込んでしまう危険があります。安牌を引いたら、伍鳥を切ってリャンメン待ちにしましょう。

問題❻

1位でむかえた最終局です。自分の手牌はチンイツが狙えそうななか、上家から伍萬が捨てられました。チーして🀍を捨てればテンパイになりますが、役はタンヤオのみ。このとき、どうしますか？ Ⓐ とⒷ から1つ選んでください。

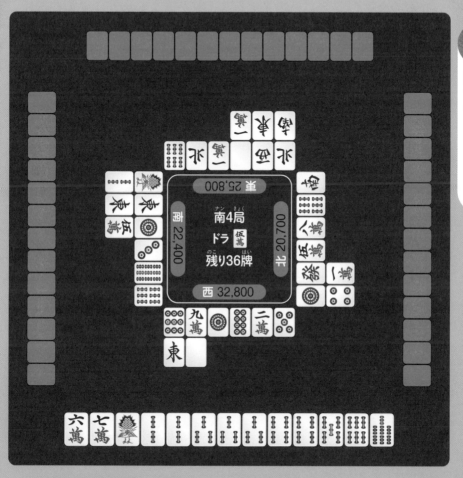

Ⓐ チーしてテンパイにする
Ⓑ チーせずに一向聴のままにする

こたえは次のページ

問題⑥ こたえ A 何点でもアガればトップ

最後の局なのでアガりさえすれば1位が確定します。そのため、チーすることで、アガったときの得点が下がってしまうことは、この状況では全く問題にはなりません。

チー
するとき

[ベネフィット]
- テンパイして早くアガることが期待できる
- アガれば1位が確定する

[リスク]
- 手牌が2〜8牌だけなので相手に振り込みやすくなる

現状の得点を見ると、2・3位の人も1位が目指せる状況だよ。そのため、振り込まないようにしているだけでは、逆転されてしまう可能性があるので、自分でアガることを目指そう！

ここまでわかると、すごい！

最終局になるとプレイヤーそれぞれに必要なアガり方があります。たとえば下家は、3役以上もって5,200点でアガれば2位になります。そのため、ドラ周りの牌を誰かが捨てるのを待っている可能性があるので、ここでドラを捨てるのはとても危険です。

問題❼

1位でむかえた最終局(親がアガればもう1局)です。あなたが 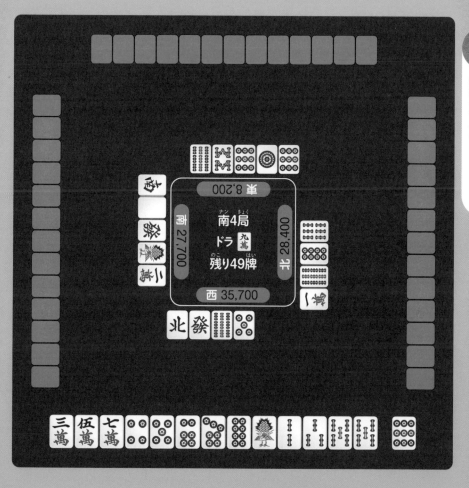 をツモったので、ピンズのメンツがそろい、カンチャン待ちで役がない形のテンパイになりました。このときリーチしますか？ ⒶとⒷから1つ選んでください。

Ⓐ リーチする
Ⓑ リーチしない

こたえは次のページ

問題❼ こたえⒶ **自分でアガって相手に逆転させない**

カンチャン待ちやペンチャン待ちなどの待ち牌が少ない形では、アガれる確率が低いですが、「アガればトップ確定」というベネフィットを上回るリスクはありません。低い点数の手でも、アガってしまえば相手の逆転の可能性をゼロにできます。

[ベネフィット]
●アガれば1位が確定する

[リスク]
●振り込んで逆転される可能性がある

最下位の親だけでなく、2・3位の人との点差も関係しているよ。彼らが満貫をツモれば逆転される可能性もあるから無理にでもアガリを目指そう！

ここまでわかると すごい！

なぜ三萬ではなく七萬を切るかというと、ドラが九萬のため、ドラに近い七萬八萬をもっておく人が多い可能性が高く、すると六萬を捨てるよりも四萬を捨てる可能性が高いからです。

問題❽

1位でむかえた最終局で、得点がほかの人よりも離れています。リャンメン待ちでテンパイしていましたが、2位の人からリーチがかかりました。続いてあなたがツモった二萬を切りますか？ ⒶとⒷから1つ選んでください。

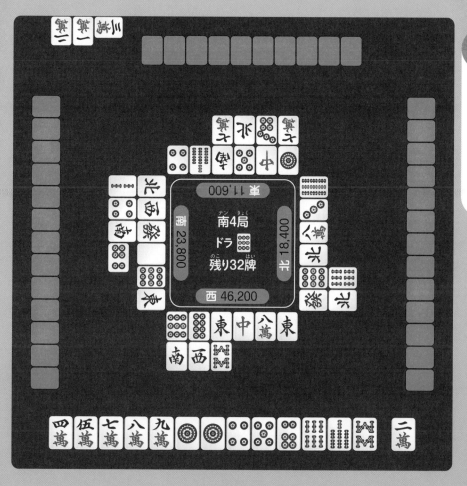

Ⓐ 二萬を切る
Ⓑ ほかの牌を切る

こたえは次のページ

問題⑧ こたえ B 相手がツモってもトップ

前の問題と違い、今回は点差がかなり開いています。自分が振り込んで跳満を振り込まない限り、倍満ツモでも順位は下がりません。相手がアガれるならアガってもらいましょう。3・4位の人がアガるのであれば、より安全です。

を切るとき

[ベネフィット]
●アガれば自力で1位確定

[リスク]
●相手に振り込んで逆転される可能性がある

チャレンジ問題　どれを切る？

この場面ではどの牌を切るとよいか考えてみましょう。

【手牌：四萬 伍萬 七萬 八萬 九萬 ⑤筒 ⑤筒 ⑥筒 ⑧筒 ⅢⅢ ⅢⅢ 西 二萬】

こたえ：⑥筒

この局面で一番振り込んではいけないのは、実はリーチした人ではなく親です。そのため上家が捨てた⑥筒を切ります。このあとは親とリーチした人に共通する安牌を切り、それがないときは親の安牌を切ります。

を切るとき

[ベネフィット]
●失点する可能性がない

[リスク]
●ほぼナシ

問題❾

わずかな点差で1位の状況です。4巡目で北家がリーチをかけました。安牌はなく、捨て牌から読み取れる情報が少ないので、手がかりはほとんどない状態です。このとき、孤立している🌸を切りますか？ Ⓐ と Ⓑ から1つ選んでください。

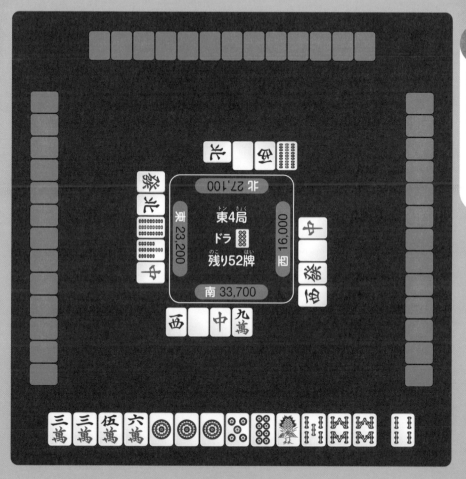

Ⓐ 🌸を切る
Ⓑ ほかの牌を切る

こたえは次のページ

問題9 こたえ B どうせ同じリスクなら…

手がかりはほとんどなく、振り込む可能性がほぼ同じ状態での判断です。を捨てたときに、たとえ今回は振り込まなくても、次の番でまた同じ悩みをかかえることになります。

[ベネフィット]
●不要な牌を捨てられる

を切るとき

[リスク]
●相手に振り込む可能性がある
●このあとも同じリスクがくり返される

チャレンジ問題　どれを切る？

この場面ではどの牌を切るとよいか考えてみましょう。

●もも振り込むリスクはほとんど同じです。しかし●は一度捨てて振り込まなければ、3巡分は安全になるため、このあとも振り込む可能性が低くなります。

[ベネフィット]
●今回振り込まなければ●は安牌になる

を切るとき

[リスク]
●相手に振り込む可能性がある
●●のコーツを失う

問題⑩

下家から早めのリーチがかかりました。安牌もなかなか増えないなか、上家が三萬を切りました。チーすればテンパイです。このとき、どうしますか？ Ⓐと Ⓑから 1 つ選んでください。

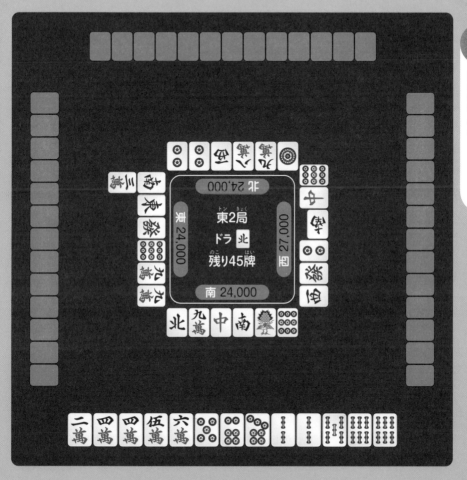

Ⓐ チーして 🀐 を切る

Ⓑ チーしない

こたえは次のページ

問題⑩ こたえ A　逃げ切るのが難しければ攻める

この場面のポイントは、安全そうな牌がもうないということです。同じ危険牌を捨てるにしても、テンパイしておいたほうがアガれる確率が高くなるぶん、メリットは大きいというわけです。

[ベネフィット]
- アガれば+2,000点
- アガれば振り込む可能性がなくなる

[リスク]
- 相手に振り込む可能性がある
- 高得点を狙えない

守ったほうがいいのは手牌に安牌が2枚以上あるとき。これはぜひ覚えておこう！

ここまでわかると すごい！

危険牌にも関わらず、親が三萬を切った理由も考えてみましょう。アガリが近い、三萬の暗コーやトイツがあるなどが考えられます。親に振り込んでしまわぬよう、子同士で戦うという考え方もあります。

問題⓫

1位でむかえた南2局です。続いてあなたがツモった牌は1巡目に捨てた 北 でした。この 北 を切りますか？ ⓐとⓑから1つ選んでください。

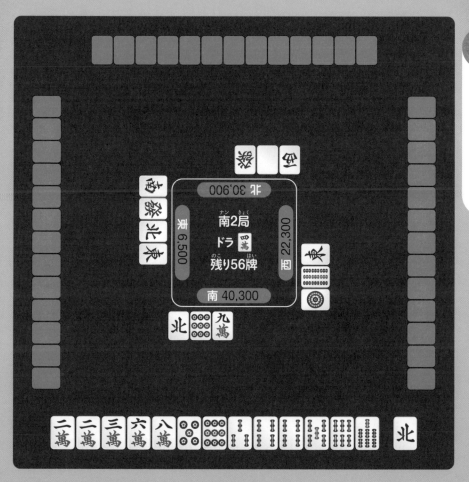

ⓐ 北 を切る
ⓑ ほかの牌を切る

こたえは次のページ

問題⑪ こたえ B 先の危険にそなえる

問題⑩のように、どれも危険牌になりそうな状況では、攻めるほうがよいですが、その勝敗は運に左右されてしまいます。運ではなく実力で勝つためには、安牌を自分の手牌に残しておくなど、守りの準備をしておくことも勝敗を分けるポイントになります。

北を切るとき

[ベネフィット]
●不要な牌を捨てることができる

[リスク]
●今リーチをかけられると危険牌しかない

チャレンジ問題　どれを切る？

この場面ではどの牌を切るとよいか考えてみましょう。

二萬 二萬 三萬 六萬 八萬 五筒 五筒 七索 七索 八索 八索 八索 八索 北

こたえ：五筒

基本にしたがって、端の牌から切ります。五筒を引いても手が進まなくなりますが、五筒のペンチャン待ちになっても有利にはならないので、五筒を切るリスクはゼロに近いです。

を切るとき

[ベネフィット]
●失う受け入れの枚数がもっとも少ない

[リスク]
●五筒の受け入れを失う

あとがき

麻雀で勝つことも、医学で人を治すことも、本当に難しいことです。考え方にミスがなくても負けることはありますし、100万人にきく薬が目の前の人に全然きかないことだってあります。正しい解き方をすれば思った通りの結果が出るのは、実は学校のなかだけのルールです。社会は先が見えないことだらけ。何が正解なのかは終わってみるまでわかりません。それでも、一歩踏み出さなければ何もはじまりませんし、願った未来に辿りつくことも永遠にありません。あなたが先の見えない不安と戦うときに、この本で学んだ「リスクとベネフィットをしっかりと比べて、ベネフィットが大きいほうを選択し続ける」という考え方が、あなたの背中を押してくれることを、ぼくは心から願っています。

未来はいつも不確実ですが、「考え方」をきたえ続けて、立ち向かってください。

それが、ぼくがあなたに伝えたかったことです。
最後にもうひとつだけ、麻雀のいいところを紹介させてください。
麻雀は、ぼくの知るかぎり「人と人を結びつける最高のツール」です。麻雀を通してできた友だちは、一生仲のいい友だちでいられます。この本に出てくる問題の多くは、ぼくの中学生のときからの麻雀友だちに相談しながらつくりました。あのとき、図工の授業で一緒に木彫りの麻雀牌をつくった友だちと、こうして一冊の本がつくれたこと、その過程のすべてに感謝の気持ちでいっぱいです。相談に乗ってくれた坂上君と大図君は、どちらもぼくの一生モノの親友です。どうかみなさんも麻雀を通して、「一生続く親友」を手に入れてください。

最後にこの企画を提案していただいた世界文化社の三宅さん、ヴュー企画の松本さん、監修していただいたニューロンの池谷さん、ライターの松井さんをはじめ、制作にかかわっていただいたみなさまに改めて感謝申し上げます。

本当にありがとうございました。初めて書く本がこの本で本当によかったです。

東島威史

● 点数計算早見表

P90で説明した手順で翻数と符がわかったら、それをもとに
以下の表からあてはまる項目を確認しましょう。

● 親がアガったとき（ツモの点数は3人の子が支払う点数）

符 ＼ 翻数		1翻	2翻	3翻	4翻
20符 ピンフツモ		−	各 700	各 1,300	各 2,600
25符 チートイツ	ロン	−	2,400	4,800	9,600
	ツモ	−	−	各 1,600	各 3,200
30符	ロン	1,500	2,900	5,800	11,600
	ツモ	各 500	各 1,000	各 2,000	各 3,900
40符	ロン	2,000	3,900	7,700	
	ツモ	各 700	各 1,300	各 2,600	
50符	ロン	2,400	4,800	9,600	
	ツモ	各 800	各 1,600	各 3,200	
60符	ロン	2,900	5,800	11,600	
	ツモ	各 1,000	各 2,000	各 3,900	
70符	ロン	3,400	6,800		
	ツモ	各 1,200	各 2,300		
80符	ロン	3,900	7,700		
	ツモ	各 1,300	各 2,600		
90符	ロン	4,400	8,700		
	ツモ	各 1,500	各 2,900		

満貫
ロン 12,000
ツモ 各 4,000

● 子がアガったとき（ツモの点数は 子が支払う点数／親が支払う点数）

符＼翻数		1翻	2翻	3翻	4翻
20符 ピンフツモ		-	400／700	700/1,300	1,300／2,600
25符 チートイツ	ロン	-	1,600	3,200	6,400
	ツモ	-	-	800／1,600	1,600／3,200
30符	ロン	1,000	2,000	3,900	7,700
	ツモ	300／500	500／1,000	1,000／2,000	2,000／3,900
40符	ロン	1,300	2,600	5,200	
	ツモ	400／700	700／1,300	1,300／2,600	
50符	ロン	1,600	3,200	6,400	
	ツモ	400／800	800／1,600	1,600／3,200	
60符	ロン	2,000	3,900	7,700	
	ツモ	500／1,000	1,000／2,000	2,000／3,900	
70符	ロン	2,300	4,500		
	ツモ	600／1,200	1,200／2,300		
80符	ロン	2,600	5,200		
	ツモ	700／1,300	1,300／2,600		
90符	ロン	2,900	5,800		
	ツモ	800／1,500	1,500／2,900		

満貫
ロン 8,000
ツモ 2,000／4,000

巻末付録

点数計算早見表

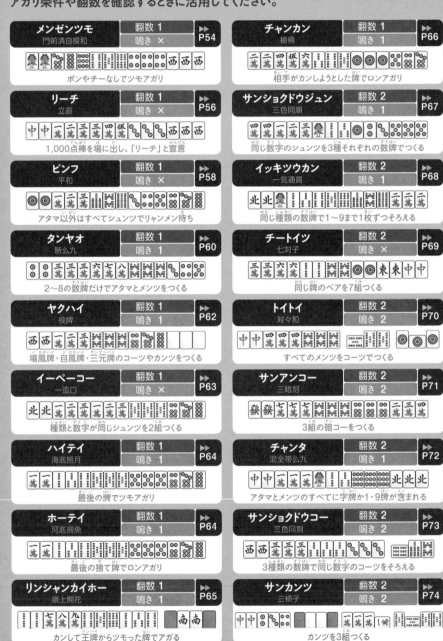